GOLD SHIFT

金を買え

米国株バブル経済
終わりの始まり

エモリキャピタルマネジメント株式会社代表取締役
江守 哲
Tetsu Emori

プレジデント社

プロローグ　歴史の転換点が到来する

2020年の「意味」

のちに振り返ると、2020年は「歴史的な転換点」として世界史の教科書に記されることになるだろう。

新型コロナウイルスの感染拡大で、世界中が大混乱に陥《おちい》った。多くの都市がロックダウン（都市封鎖）となり、外出は禁じられ、国民生活は著《いちじる》しく制限され、経済活動は停滞し、世界はその動きを止めたかのような事態となった。医療現場は追い詰められ、政治や経済もこのウイルスに振り回された。

日本でも全国的に緊急事態宣言が発令された。経済活動の自粛要請、学校の休校などが行われた。各企業では在宅勤務やリモートワークが導入され、これまでの生活パターンが大きく変わった方も少なくない。

新型コロナウイルスは世界中の人々の生活に大きな影響を与え、そしていまなお拡大を続けている。

世界で1030万人以上が感染し、死者は50万人を超えた（6月30日現在）。感染者、死者の増加は止まらず、そして今冬には再び大きな感染拡大が発生すると警戒されている。

こうしたことから、「新型コロナウイルスが世界を変える」との見解が多くなっている。しかし、コモディティ・ストラテジストである私の見方は異なる。むしろ、世界が大きく変わるタイミングで、変化を加速させるために起きるべくして起きた事象と捉えている。

コモディティとは「商品」のことだ。原油やガソリンといったエネルギー、金やプラチナといった貴金属、大豆やとうもろこしといった穀物など、実体があり、商品取引所などで取引されるもののことである。それら商品と実需の動きを通して世界経済の動向を見つめ、分析する、それがコモディティ・ストラテジストだ。

むろん、私も株式や世界の政治経済の動きをウォッチしている。しかし、そのとき、商品現物の動向とその背景にある各国の思惑への目配りを忘れない点が、他の経済ウォッチャーとは違う点だと自負している。新聞やニュースには表れない秘められた意図が、商品現物の動きに表れていることがままある。今回の新型コロナウイルス後の世界経済の未来も、もちろんその例に漏れない。

これから起きるのは、歴史が繰り返してきた「大きな転換期」に発生したことの焼き直しである。今回のコロナ禍《か》でいろいろ調べてみた結果、そのような考えに至った。そして、辿《たど》り着いた結論が、「金を買え！」となる。

世界は中国を中心に動き始めた

思い出してほしい、２０２０年初めの世界情勢を。

米国・ＮＹダウ平均株価が史上最高値である3万ドルの大台を目指して上昇を続ける中、世界では米中貿易戦争の行方《ゆくえ》に対する懸念が広がっていた。だが、関税問題が棚上げされたことでその懸念は後退し、世界経済に再び拡大の勢いが戻ったかに見えた。そして再び、米国の主要株価が過去最高値を更新する動きを示すに至った。

その一方で、国際情勢はやや不安定な動きになっていた。イランが核開発の進展を示唆《しさ》し、欧米各国は強く反発。対立構造が強まっていた。そんな中、1月3日には米国がイランのスレイマニ司令官を殺害したことから、国際社会には一気に緊張が走った。これに対し、米国・イラン両国とも戦争の意図がないことを明確に示し、現在の国際社会では物理的な戦争は起きないことが確認されるなどした結果、徐々に緊張感は緩和《かんわ》していった。

北朝鮮はミサイル発射を不定期に行うなど、自国の存在をアピールするのに必死であったが、米国を含む国際社会の北朝鮮への関心は著しく低下していった。

そして中国・香港では反中派がデモを行い、中国本土との対立構造が鮮明になりつつあった。台湾では総統選挙で反中派が勝利するなど、米国を中心に中国包囲網が強まる動きも見られ始めていた。

そんな中、2019年末ごろから中国・湖北省武漢市で新型コロナウイルスが突如発生したのである。中国は1月23日になって、〝力業〟で武漢を完全閉鎖し、この新たなウイルスの拡大に歯止めをかけようとした。しかしウイルスは、さまざまな経路を通り、変異を繰り返しながら世界中に拡散していった。

日本国内にも侵入して感染者を出し始めたウイルスだが、むしろ遅れて感染が広がった欧米諸国において猛威を振るった。米国は世界で最も大きな被害を出し、感染者259万人、死者12万6000人を突破した。英国は感染者31万1000人、死者4万3000人。イタリアは感染者24万人、死者3万4000人。フランスは感染者19万4000人、死者2万9000人。スペインは感染者24万8000人、死者2万8000人をそれぞれ超えた（いずれも6月30日現在）。信じられないような被害が発生している。

各国で外出禁止措置が続いたことで経済は大きく疲弊し、大量の失業者が発生。経済成長率は歴史的な落ち込みを記録した。

ところが、世界各地での感染拡大が止まらない中、4月8日になって中国はいち早く封鎖解除を行い、並行して他国への援助を開始した。「恩を売る」得意の外交戦略を推し進めたのである。この状況を見た欧米各国は、中国に対して以前とは違う感情を持ち始めた。それは決してポジティブなものではなく、むしろ相当ネガティブなものが含まれているといえる。日本においても、新型コロナウイルスをめぐる一連の経緯と、自分たちに実際に起こったことから、中国に対する見方が大きく変わったという人が少なくない。

弱体化するEU

世界経済は、今回の新型コロナウイルスの感染拡大の影響で、成長力が大きく棄損する可能性が高い。中国を核としたサプライチェーンの見直しは必至であり、中国との経済的なつながりにおいても、他国は思案せざるを得なくなった。その結果、実際に中国との付き合い方を変える国が出てきてもおかしくない。

この状況が行き過ぎると、ポピュリズム、ナショナリズムに発展し、移民等の外国人排斥《はいせき》の動きが強まるリスクがある。そうなると世界経済の成長力はさらに低下し、各国とも自国主義が強まって経済のブロック化が進むと考える経済学者も少なくない。

すでに世界経済に組み込まれた中国を取引相手から外すことは、重要な消費市場を手放すことにもなり、相応のリスクがある。この点は各国とも悩ましいところではある。

また、欧州連合（ＥＵ）からの英国離脱の影響が、今回の新型コロナウイルス問題と相俟《あいま》ってどんな余波をもたらすかにも注視が必要だ。端的に言えば、欧州の劣化が止まるのかにも注目する必要がある。英国という中核国の離脱は、今後の世界経済・国際社会の枠組みの再構築を促す可能性がある。

一方で英国は、離脱によりＥＵの顔色をうかがうことなく、自国の判断で米国との付き合いができるようになるともいえる。「米英同盟」の復活は、２０２１年以降のアングロサクソン主導の国際政治の再構築の基盤になるかもしれない。

ドイツとフランスは、これまで以上に弱体化する可能性を考える必要がある。とりわけドイツについては、ＥＵ内における負担にどこまで耐えられるのか。まさにユーロの枠組み維持においてドイツの胆力《たんりょく》が試されることになりそうである。

ＥＵの先行きが不透明になる中、中国が支援・援助の名のもとに、欧州諸国の足元を見て、ウイルスの感染拡大で苦しむ一部の国に入り込んでいる。特にイタリアに医療的な援助をしていることから、最終的にはイタリアが中国に買収されるなどという、笑えない話も出てきている。「あり得ない話」と思われがちだが、これまで中国が「一帯一路《いったいいちろ》」の名のもとにさまざまな国に融資し、返済できない国の資産や施設を接収して、国際通貨基金（IMF）から「いい加減にせよ」と厳しい通告を受けたことは記憶に新しいところだ。

苦しい国は、生き延びるために中国のやり方を受け入れ、呑み込まれてしまう可能性が否定できない。そのような状況は、先進国を中心に国際社会が受け入れるはずはないが、止めるだけの力がないこともまた事実だ。

ロシアも新型コロナウイルスの感染拡大に苦しんでいる。当初は状況を楽観視し、海外との交流の制限も行わなかった。だが、ある時期を境に感染者数が爆発的に増大した。追い打ちをかけるように、石油需要の減少で原油価格が暴落したことで、ロシアの収入が激減している。さらに、同国の通貨ルーブルも大暴落しており、国力の低下が懸念される。

プーチン大統領が思い描いていた、長期政権の目論見が大きく崩れようとしている。経済的な面だけでなく、政治的な面でも不安定さが強まりそうである。

日本人も無関係ではいられない

駆け足で見てきたが、新型コロナウイルスの感染拡大の影響で、国際社会が大きく揺《ゆ》らいでいる。本書で詳しく触れていくが、その様子はコモディティを通して見るとよくわかる。激変する世界の中で、とりわけ国際社会に深く取り込まれている日本において、これから自分は何ができるのか、自分の存在意義は何かを理解し、行動することが求められる時代になるだろう。

「日本にいれば、海外とは関係ない」などと考えるのはまったくおかしな話だ。今回のウイルスにより、すべての日本人が、日本は否が応でも国際社会と深くつながっていると思い知らされたはずだ。海外で起きていることは、もはや対岸の火事ではない。

日々の生活はもちろん、ふだんあまり自覚することはないかもしれないが、経済面で日本は想像以上に国際社会と深く結びついている。マスクひとつ入手できなかったことからしても、日本一国ですべてを完結させることはもはや不可能な時代である。

したがって、国際情勢に目を配り、各国の考え方や物事の進め方などを理解しておくことは、ビジネスのみならず、自分自身の暮らしを守るためにも重要なことになってくる。その点を理解したうえで、私たち一人ひとりがそれぞれの国とどのように付き合っていくのかを考える必要がある。

私が懸念するのは、「個人主義」が蔓延《まんえん》することだ。個人レベルであれ、国家レベルであれ、他者の存在を気にすることなく、「自分さえよければよい」といった考え方が広がれば、世界の滅亡に直結する。この点も第1章以降で考えていきたい。

私たちの働き方に目を向ければ、新型コロナウイルスの拡大で、リモートワークを取り入れる企業が増えた。今後は、オフィスに出向かなくても、自宅や別の場所で普通に仕事ができる時代になる。

日本の場合は、まだまだインフラの面で弱いところがあるものの、今回の新型コロナウイルスを契機にできあがりつつある、自宅やそれ以外の場所でのリモートワークの流れは止められない。会社にとっても、オフィススペースのコストダウンに直結することから、今後ますます奨励《しょうれい》されるだろう。事実、いち早く東京都心を離れ、郊外への移転に動いている中小企業がニュースになった。

また、企業の実務の面でも長年変えることができなかった慣習が、新型コロナウイルスの影響で大きく変わろうとしている。たとえば日本企業に深く残る「ハンコ文化」だ。

新型コロナウイルスの感染拡大を契機にリモートワークを導入した企業が多かったものの、重要書類の押印に出社する人も少なくなかった。ナンセンスという以外ない。今後は、役所の書類も含めて印鑑を使用するケースが間違いなく減少していく。小さなところから、私たちの従来の慣習が大きく変化する可能性がある。

その一方で、社内失業者が増えることになるだろう。リモートワークで会社に行かなくても仕事ができるようになると、オフィスにいなくても問題の生じない社員がたくさんいる事実があぶり出されることになった。「無駄な人員」を過剰に抱えていることを知った経営者は、今後従業員に厳しい対応をするかもしれない。

テレビ放送を観ていても、出演者の多くがオンラインで番組に出演するので事足りてしまっている。放送局のスタッフも、少人数で回すことができている。これはひとつの象徴的な例で、あらゆる業界で、これまで必死に守っていた「一線」があっという間に崩れてしまった。

リモートワークがすべて正しいということはないが、これまでのやり方や手のかけ方が過剰だった可能性は否定できない。質を高く保つことは重要だが、不必要にコストをかけないという意識が、これからはいっそう高まることになる。不要不急の業務や飲み会なども、その部類に入るのかもしれない。

とはいえ、これまでいろいろな人と交流するひとつのきっかけであった飲み会がなくなると、やはりつまらないものであるし、精神的にもよくないこともはっきりした。オンライン飲み会では仲間や友人と盛り上がることはできても、人と人の深い対話には限界がある。息遣いや肌感覚で伝わるものを通しても、人は「表現」をしているのだ。

いずれにせよ、誰もが必要なものとそうでないものの区別をはっきりつけるようになったことだけは間違いない。

拍車がかかる世界の内向化

国家レベルでも、各国が内向きになり、「自分さえよければよい」などという考え方に陥りつつある。今回の新型コロナウイルスの感染拡大により、サプライチェーン寸断のリスクがあぶり出され、「中国は当てにならない」という発想になってきた点は注意して見ていく必要がある。

もともと、トランプ政権の「米国第一主義」や、英国のEUからの離脱など内向きの動きが起きていたところに加えて、新型コロナウイルスにより各国間で生じた疑念と不信は、その大きな流れをいっそう促進することになった。グローバリゼーションに対する疑念が強まり、今後、中国に進出していた企業が生産工場を国内に戻す動きを強めるかもしれない。

そうすれば、国内の雇用を守ることもできるという発想も生まれそうではあるが、しかし、いまは機械化・オートメーション化、さらに「AI（人工知能）化」が進んでいる。以前は人がやっていた仕事のかなりの部分を機械がやるようになって、人手が要らなくなっている。つまり、生産工場を国内に戻したとしても雇用が期待通りに増えることはない。こうなると、「国民総失業時代」になるリスクも考えなければならない。

「いや、自分はそこには当てはまらないだろう」「自分は大丈夫だろう」「政府が助けてくれるだろう」などと考えている人が大半であろうが、しかし、実際に自分の身に起きて初めて、世の中がまったく変わってしまったことに気づくことになる。むろん、今後賃金が上昇することはない。その結果、貧困層はさらに拡大する。

日本がこのような状況になると想像している人は、新型コロナウイルスが世界を変えてしまう前までは限られていただろう。

この状況が行き過ぎると、日本でも近年見られなかった政治的な活動が強まる可能性がある。また、日本は移民の受け入れにきわめて消極的だ。これが日本の秩序を維持する礎《いしずえ》になっている面もあるが、人口が増えなければ、国家としてはますます〝じり貧〟になる。

野放図な資金供給で歪む世界

一時的にせよ、各国が経済活動を完全に止め、大量の失業者が発生しつつあるいま、企業は収入を絶たれ、債務不履行・倒産のリスクがきわめて高まっている。これに対し、主要国の政府・中央銀行（以下、政府・中銀）は矢継ぎ早に対策を打ち出し、大量の資金投入を行うことにコミットした。その結果、２０２０年2月以降に大きく下落していた株価は、早くも3月に底打ちし、持ち直しの動きが強まるなど、経済的な不透明感が払拭《ふっしょく》されたかのような雰囲気がある。

だが、今回打ち出された野放図《のほうず》な資金供給という政策が、はたして将来にわたって継続することは可能なのだろうか。また、副作用はないのか。非常に心配である。

莫大な資金供給で経済を無理やり回復させたのが、2008年のリーマン・ショック時の中国の巨額の財政出動だった。しかし、このような政策は、表面上はうまくいっているようでも、経済の実態とは大きな乖離《かいり》が生じる。結局は需要のないところに無理やり資金を供給してさまざまなものを生産し、供給することで、経済が拡大しているかのように見せかけているだけでしかないからだ。

巨額の財政出動を受けて、実体のある十分な需要がついてくれば問題ない。だが、残念ながら得てして供給過剰に陥ってしまう。リーマン・ショック後の巨額の資金供給もご多分に洩《も》れず、「むしろ弊害が多かった」というのが後年の一般的な評価である。

当時の中国の政策で救われたのが欧米諸国だったが、弊害が浮き彫りになると、今度はそれを批判し始めた。おかしな話だ。そして現在、当時の中国とまったく同じことをしている。それこそが欧米の政府・中銀なのだ。当時の中国を批判する資格がないどころか、今後、世界経済に多大な悪影響を与えるのではないかと心配せざるを得ない状況だ。

今回の新型コロナウイルスの感染拡大の影響で、経済成長率は大きく落ち込み、短期間では戻らない。世界的に経済活動が再開されても、以前の規模に回復するには数年単位の期間が必要とみられる。そうなると、その間に発生する不良債権のマグマを中央銀行が受け止められるのか、という素朴な疑問が湧く。

これまで米国などでは、株主還元の名のもとに、さんざん借金をして自社株買いを行い、配当を増やして株価を上昇させてきた。その状況を作り出したのちに、経営者は保有する自社株を高値で売り抜け、経営から退《しりぞ》き、借金も放り出してきたのである。あとを受けた経営者からすれば、たまったものではない。

そこで起きたのが新型コロナウイルスの感染拡大であった。経営者たちは経営が苦しくなり、中央銀行に駆け込んで「債務を引き受けてほしい」と迫っているというのが現状である。はたして、このようなバカげた経済構造が成り立つものか。誰が考えても、おかしな話と感じるはずだ。最終的にそのツケを払うのは誰か。国民である。

リーマン・ショックのときもそうだ。金融機関がサブプライムローンを束ねた金融商品（デリバティブ）を世界中にばらまき、それが焦げ付いたことで金融危機が発生。最終的にリーマン・ブラザーズという当時の投資銀行が破綻《はたん》し、世界的な金融危機を引き起こした。まさに、金融商品の焦げ付きが「パンデミック」となり、世界の金融市場だけでなく、経済にも大きな悪影響を与えたわけだが、世界を震撼《しんかん》させ、経済を大きな落ち込みに陥《おとしい》れた金融機関の経営者にはほとんど何も負担がなかった。

責任のない形で企業経営が行われ、困ったら中央銀行に頼るという経済の仕組みが未来永劫《えいごう》続くはずがない。

「フリーランチ」は存在しない

今回、新型コロナウイルスの感染拡大という背景があるにしても、企業は資金不足を理由に多額の社債を発行している。米企業の２０２０年４月の発行額は総額２２９４億ドルと、前年の３・６倍となり、月間ベースで過去最高を記録した。米連邦準備制度理事会（ＦＲＢ）が大規模な社債購入を決めたことが、投資家の需要の回復につながったようである。

新型コロナウイルスの感染拡大で経営が著しく悪化している米ボーイングも社債を発行したが、その上乗せ金利は4・5％。2019年7月の発行分の0・9％から大きく上昇している。また、業績不振で政府に支援を仰いだデルタ航空も起債し、当面の資金繰りにめどを付けたものの、年7％の高い利回りが設定された。

このような高利回りに投資家が飛びついている。その結果、利回りが高いものの低格付け債券であるハイイールド債への需要も高まっている。FRBが総額7500億ドルの買い入れ枠を設定したことで、FRBが「最後の買い手」として控えている安心感が起債の急回復につながったのであろう。

しかし、こうした夢のような話が今後も成立するのであろうか。

企業が債務不履行になっても、FRBが債務を肩代わりしてくれるのであれば、投資家には何もリスクがないことになる。まさに「フリーランチ」であり、「やった者勝ち」の経済だ。FRBがフリーランチの「ゴミ箱」になって、どのような不良債権も買い上げることができるというのであれば、これはもう「モラルハザード経済」といってもいい。

冷静に考えればわかるように、このような仕組みはいずれ破綻する。

ＦＲＢの使命は「雇用の最大化」と「インフレ率の抑制」だ。債券の買い入れによる経済の安定化ではないことは言わずもがなである。したがって、ＦＲＢが今回採用した政策への批判が高まるのは必至であり、ＦＲＢも買い入れる社債を選別せざるを得なくなる。

そのとき、結果的に企業債務が拡大し、債務不履行による倒産ラッシュが起きることになる。多くの投資家が、不良債権をＦＲＢがすべて引き受けるのは不可能であると思い知らされることになるのだが、そんなことは初めからわかり切っている。

そのとき投資家は「ＦＲＢが社債を買うと言ったじゃないか」と批判するだろう。しかし、そもそもフリーランチは存在しない。投資家が無知だったということになるだけだ。

経営者や金融機関、投資家だけがさんざん儲《もう》けておいて、その後のツケを国民が引き受けるというバカげたことはあってはならない。金融機関や大手企業は、「政府に守られていると考えるのは、最終的に大きな勘違いだった」と思い知らされるタイミングが来るだろう。その日が訪れたとき、気がついたらすべて中国資本になっていた、などという笑えない状況になっているかもしれない。

そして、政府・中銀による野放図な資金供給が行われることで、今後は通貨が下落する可能性がある。いや、もっとはっきり言えば、「現金がゴミになる」という世界が来るかもしれない。デジタル化の加速で、そのような状況がいずれ鮮明になっていくだろう。

また、今後の低成長時代に、実体経済や企業の実力に見合わないような株価水準に上がることもなくなっていく。資金供給の拡大で、株価が人為的に押し上げられるような経済が、永遠に続くと考えるには無理がある。

米ニューヨーク・マーカンタイル取引所（NYMEX）で2020年4月20日、国際的な原油取引の指標WTIの5月の先物価格が1バレルあたりマイナス37・63ドルと、史上初めてマイナスを記録した。原油価格がマイナスになるという〝考えられないこと〟が起こったのである。これからは何があっても驚いてはならない。

人口動態の問題も、今後は重要なポイントになる。少子高齢化は経済の縮小均衡《きんこう》を意味する。「人・モノ・カネ」の流れが止まれば、デフレになる。現金が力を持つ世界になるということでもあるから、デフレであるうちはまだま﹅し﹅かもしれない。しかし、その現金の価値が、デジタル化の加速の中で低下していったとしたらどうか。

「架空経済」の崩壊

２０２０年は東京五輪・パラリンピックが開催されるはずであった。しかし、新型コロナウイルスの感染拡大で、１年後に延期されることが決まった。２０２１年に本当に開催されるかはまだ誰にもわからない。その先の世界経済の動向はもっと不透明な状況だ。

ただ言えるのは、新型コロナウイルスは、これまでの中央銀行による資金供給で支えられてきた「架空経済」の崩壊をもたらすことになるということだ。２０２１年以降は10年間ほど、厳しい状況が続くかもしれない。これまで十数年間、米国を中心にバブル経済に踊《おど》りに踊ってきたわけだから、それくらいの厳しい状況は我慢しなければならない。世界的な停滞が長期間続くリスクを念頭に置くことが求められている。

ちなみに、１９２９年の米国に始まる世界恐慌の際には、株式市場の回復に約25年かかっている。今回はさすがにそのような長期間にわたることはないだろうが、それくらいの長期的視点と覚悟をもって日々の生活を過ごしていくことが求められるだろう。

新型コロナウイルスの感染拡大で一人ひとりが思い知らされたように、物事は自分の思い通りには進まない。時代の変化に、みずから適応して生き残ることが肝要《かんよう》である。自分というものを捨てる必要はないが、社会や時代に合わせて自らをいかに変化させられるかが重要だということだ。

混乱した状況下では、新しいリーダーの登場が求められる。革命的なことが起きるときには、よいリーダーが不可欠だ。現在の世界のトップがそのような人材であるといえるか、と問われれば、それははなはだ心もとない。つまり、現在のリーダーが居座っているうちは、世界はよい方向にいかない可能性がある。

歴史的視点で見る限り、現在のような混乱期には革命家が現れてくるものだ。そのような人物の登場を待つという選択肢もあるが、しかし、それよりも社会情勢を正しく理解し、自身で考え、判断し、行動できる人間になることが重要だ。

今回のような社会的インパクトがあると、人間は知恵を絞《しぼ》り出そうとする。新しい考えが浮かんでくる人も中にはいるだろう。また、これまでの社会制度ややり方を変えるきっかけにもなる。先述の印鑑の話や、学校の9月開始案などもその一例だろう。

インターネット上でも、アスリートが自身のトレーニング方法を公開したり、技術的な秘密の部分を教えてくれたりするといったことは、これまでなかったことだ。これも、新しい流れなのかもしれない。

ノウハウを自分の中にだけとどめておくのではなく、広く公開して共有することはみんなにメリットのある話であり、これからの新しい時代のスタンダードになるかもしれない。困難を困難で終わらせず、次の時代につなげていくには、新しい発想と柔軟な対応が不可欠である。古い考えを捨て、機能していない組織ややり方を見直し、新しいものに変えていくよいきっかけになると割り切ることができれば、明るい未来も見えてくるはずだ。

私が投機家としてもっとも尊敬するジョージ・ソロス氏は、新型コロナウイルスのパンデミックとその影響について、「資本主義の未来にとって何が起きるかわからない、かつてない出来事」としたうえで、「私たちはパンデミックが始まったころの状態に戻ることはない。それは明らかだ」と述べている。

確かにこれだけインパクトのある出来事は、人生でそう多くはない。ワクチン開発が成功するまでにも長い時間が必要になるだろう。米国立アレルギー感染症研究所（ＮＩＡＩＤ）の所長で、トランプ政権の新型コロナウイルス対策本部の主要メンバーでもあるアンソニー・ファウチ博士は、「年内にウイルスが根絶される可能性はほぼない」としている。私たちには、新型コロナウイルスと共存していく覚悟が必要だ。

今回の新型コロナウイルスの発生は、社会に許容できないほどの苦しい状況と悲しみを生み出した。しかし、これをきっかけに、それぞれが将来のことを考え、正しい行動をするきっかけにできればと考えている。「金を買え！」というのは、資産運用の話にとどまらない。見えない未来、見えない社会の先を読み、自分自身の資産ポートフォリオを再構築し、新しい時代を生き抜いてほしいという願いを込めている。

本書がそのきっかけになれば望外の喜びである。

GOLD SHIFT

金を買え

米国株バブル経済
終わりの始まり

●●●

目次

プロローグ　歴史の転換点が到来する

2020年の「意味」――1
世界は中国を中心に動き始めた――3
弱体化するEU――6
日本人も無関係ではいられない――9
拍車がかかる世界の内向化――12
野放図な資金供給で歪む世界――14
「フリーランチ」は存在しない――17
「架空経済」の崩壊――21

第1章　金《ゴールド》を買え

「金を買え」――36
現金がゴミになる――40
長期的なサイクルで考える――45
オランダの衰退に学ぶ――50
大英帝国の覇権――54
覇権国家と新しい発明――56
基軸通貨から世界を読む――61
ヘリコプターマネーの運命――65
債務問題から通貨問題へ――67
米国民がドルを信用しなくなる日――69
50分の1になったドルの価値――71
米金利も長期低下傾向――73
進むFRBの「日銀化」――76
世界デフレ化のリスク――80

第2章 コモディティから米中の未来を読む

中国が覇権を握る未来——82
「打ち出の小槌」はあるか?——84
ドルは安全資産なのか——86
キャッシュレス化とデジタル通貨——90
今後の世界と資産運用——95
通貨の下落を金でカバーする——99
近年の金のパフォーマンスは良好——102
金はどこで買えるのか——105
危機に強い「安全資産」——107
ニクソン・ショック50周年に起きること——110

米国vs.中国の覇権争い——118
2016年がターニングポイント——119
判断ミスをした米国——122
米国民の怒り——126
中国に取り込まれる国々——130
真の中国の時代へ——132
壊れゆくロシア——134
プーチンの誤算——137
高まる金の魅力——142
金市場でうごめく中国とロシア——146
金購入停止ショック——150
外貨準備から金保有へ——152
金は接収される——154
原油価格の暴落が意味すること——156

原油マイナス価格の衝撃――159
結局はカネ余りが原因――164
中東産油国は苦しくなる――167
対米関係の悪化も懸念材料――169
原油価格低迷の時代に――172

第3章　アフターコロナの世界を生き抜く

クラッシュは来るのか?――178
「錬金術」の終焉――180
米国バブル経済と世界恐慌――182
『大暴落1929』から見える世界――184
転換点は誰にもわからない――188

何事にも終わりがある――190
経済学の限界――195
アフターコロナの世界――197
誰が責任をとるのか――199
日本でデフォルトは起きない――203
中国の覇権に向けた道筋――207
新たな覇権国は誕生するか――209
世の中は依然として国家単位――213
中央銀行は政府より柔軟――216
「信頼」という中国の大問題――219
日本がうらやましい中国――221
日本は復活できるか――223
日本の優位性とは何か――226
トランプ大統領は再選の危機？――228

これからの「激動期」に備える——232
暗号資産は代替にはならない——234
中国がデジタル法定通貨を発行か——237
低金利下における投資の考え方——240
世界分散投資が金相場を押し上げる——244

おわりに——247

GOLD SHIFT

金を買え

米国株バブル経済終わりの始まり

GOLD SHIFT

第1章

金《ゴールド》を買え

「金《ゴールド》を買え」

これが本書でお話ししたいことの結論である。

後年振り返れば、2020年は、これまでの歴史が大きく変わる転換点になると初めから決まっていた、多くの人がそのように認識するようになるだろう。

仕事を始めて30年間、さまざまな経験をしたが、社会人になって最初に経験したコモディティ市場での現物取引は、いまとなってはきわめて貴重だったといえる。いわゆる「実ビジネス」の経験である。

多様な事象を分析・判断し、取引の決定を行うためにさまざまな人と会い、話をして、そこで得た情報や経験をもとに考え抜いた。また、コモディティは世界中で取引されている。世界情勢や各国のそれぞれの商習慣、人間の癖なども知らないとできない、複雑なビジネスのひとつである。これらの経験のすべてが、現在のストラテジストとしての仕事に生かされている。

コモディティに触れ世界中を回っていると、さまざまな体験をする。中国に行ったときには歓待を受け、お酒をたくさん飲んだが、そこから得られた信頼や情報が数多くあった。インドに行った際は、「インド人は嘘をつかない」と信じていたものの、英語の契約書を都合よく解釈され、「嘘をつかないというのは嘘だった」ということも学んだ。

サウジアラビアでのビジネスでは、焦げ付きそうになった資金回収で苦労した。ペルーの銅鉱山を訪問した際には、高山病で苦しい思いもした。気温マイナス20度のフィンランドに行ったときは、猛吹雪のさなかに到着し、風邪をひいて最悪の体調の中、サウナで身体を休めた。

これらはビジネスで訪問した国々でのごく一部の例にすぎないが、そこで仕事や文化に関する多くのことを経験し、政治や経済、人々の動きなど「見えないもの」を見通す習慣を身に付けた。

また、ロンドン駐在時に勤めていた商社を辞めて、ロンドンの現地企業でメタルトレーダーとして働いた。日本人が会社で私一人という環境で苦労した。だが、そこで得た真のプロの市場取引のノウハウは、いまでも貴重な財産になっている。

これらの経験から、各国の為替市場の動きはもちろん、金利動向や株式市場、さらには国際情勢・政治の動きも見ながら、大局的かつ長期的な視点で分析する習慣が身に付いたことは、いま思えば運がよかったともいえる。正しく分析できるかはまた別の話ではあるが、分析するうえでの判断材料を数多く持つことができた。

コモディティ・ストラテジストの視点からすると、現在はオランダから英国、そして米国に覇権が移ってきた歴史の流れの最終局面にあるように感じられる。そしてこれからは、世界においては、いままで以上に中国が重要な位置付けになる。多くの方も、この点にうすうす気づいていることだろう。

世界覇権の変遷を、金融・経済的な側面を加えて分析すると、現在の米国主導の自由資本主義の終わりの始まりが見えてくる。中国が掲げる社会資本主義に移行し、さらに中国が秘密裏に進めているとみられる「デジタル資本主義」への移行期にあるように感じられるのである。

今回のコロナ禍《か》では、各国政府は人命を守ることと経済を維持することという、2つの大きな命題の追求を強《し》いられることになった。人命重視は当然としても、経済が破綻《はたん》しては何も残らない。そこで多くの先進国は、いったん外出禁止を行い、新型コロナウイルスの感染拡大を止めたうえで、経済の復活を考えた。そして、経済を支えるため、各国政府は巨額の財政出動を行い、中央銀行は国債・社債などの資産買い入れを行うことにした。

コロナ禍で新たな歴史が始まるかのように思われるが、実際には今後起きるべきシナリオが、コロナ禍により明確になり、そのプロセスが早まったと言ったほうが正しいだろう。そして、その結論が「金を買う」であることは、プロローグで先に結論を述べた通りだ。

今回の新型コロナウイルスの感染拡大は、１９１８年のスペイン風邪以来の、１００年に一度の危機といわれている。その１００年前には、英国で産業革命が起きた。つまり、２０２０年は何か歴史的に大きな変化が起きるべくして起きた年だったといえるのである。

スペイン風邪のあとには世界恐慌や第２次世界大戦が起き、現代で起きることは米国の衰退と中国の台頭、つまり覇権国の交代の可能性である。まさに、歴史的な出来事が目の前で起き始めているのである。

主要先進国が20世紀に進めてきたグローバリゼーションにより、世界がつながった。そして、そのグローバリゼーションこそが新型コロナウイルスの急速な感染拡大を助長してしまった面がある。先進国が構築した世界の枠組みを、みずからが再構成せざるを得ない状況にしたともいえる。そのコストは天文学的な数字になるだろう。

ハイテクバブル崩壊、リーマン・ショックと続く2000年代の危機を、中央銀行の大量の資金供給という劇薬で生き長らえてきた世界経済だが、今回のコロナ危機で多額のコストを支払い、その結果、現金の価値が著《いちじる》しく低下する時代が到来する。よりわかりやすく言えば、現在の覇権国家である米国が発行する基軸通貨のドルの価値が低下し、金の相対的な価値が高まっていくわけである。

これを金融市場では、「現金がゴミになる」と言う。

現金がゴミになる

現金がゴミになるとは、いったいどういうことだろうか。簡単に言えば、各国政府と中央銀行が供給する現金が世の中にあふれかえり、その価値が著しく低下するということである。そして、その代わりとして保有すべき資産が金、ということになる。

実際に1970年以降、この事象が起きており、現在もなお続いている。政府・中央銀行(以下、政府・中銀)がこれまでばらまいてきたお金は、結果的にさまざまな弊害をもたらしている。表面上は株価が押し上げられるなど、資産価値の向上につながったかのように見えるが、それはあくまで「人為的に」押し上げられているだけである。これから実体経済と株価の乖離《かいり》を埋める大きな動きがあっても不思議ではないだろう。

この点は、１９２９年からの世界恐慌やそれ以降のバブル経済の崩壊が参考になるはずだ。

また、株価が押し上げられるのとは逆の事象も見られている。それは、２０２０年４月に起きた「原油価格マイナス事件」である。２００８年には１バレルあたり１５０ドル近くにまで上昇した原油価格が、一時的にせよマイナスの価格で取引されたのである。

マスコミなどでは、「原油が余ったため、マイナス価格でも引き取ってほしいと、価格がマイナスになった」などと解説する向きが多かったが、それは完全に誤った考えである。実はこれも、大量のお金がばらまかれた結果、起きたことなのである。本書を読み進めていけば、その理由も容易に理解できるだろう。

コモディティからキャリアをスタートした人間としては、まず見るのは実需の動きである。商品の実際の需要がどうなっているのか、それに対する供給はどうなっているのかを見るわけだ。まさに「実体経済」の動きである。これらのデータは、いまや誰でもインターネットで取得することができる。次に、そのデータの分析の仕方を理解するだけである。

実需を丹念に分析すれば、長期的な経済の動きや市場の方向性をつかめるようになる。これらのデータを読み解く力がつくと、世の中の動きが見えやすくなるだろう。

金についてだが、筆者は金価格が上がり始める前の2016年に、「金価格はこれから上昇する」との予測を出していた。これはメールマガジンやセミナー、メディアなどで何度も解説していたことであり、国内外の市場関係者・投資家はすでにご存じだろう。

そして、2020年に入って金価格は8年ぶりの高値を付けている。このような予測ができたのは、コモディティ・ストラテジストとして培《つちか》ってきたノウハウが背景にある。これもまた、実需に基づいた分析なのである。

また、筆者は2003年に「2004年に原油価格は史上初めて40ドルを超える」と予測し、「世界で最も的確に原油価格を予測した市場関係者」としてメディアに頻繁に取り上げられたことがある。実は特別なことをしたわけではなく、これも実需の動きを丹念に分析した結果である。実需取引の経験から分析し、数値化した結果、そのような答えが出てきた。多くの金融関係者はコモディティの動きを私ほど深くは見ていない。だが、実需の動きを見れば、世界で起こることの予測ができるのである。

コモディティは私たちの生活に深く入り込んでいる。コモディティを消費しない人間はこの世に存在しないといえる。コモディティ市場の観点を持つようになるだけで、これまでとは違う世界が見えるようになる。このメリットは相当大きいだろう。

このような観点を持ちながら世界情勢を見れば、いま米国と中国が何を争っており、今後何が起きそうなのかも見えてくる。そしてその答えこそ、世界覇権の移行と通貨価値の下落なのである。

コモディティ価格は、基本的に価格決定権を供給サイド、つまり生産者が持っていることが多い。しかし、近年は需要サイドの影響がかなり大きくなってきている。これは、コモディティ価格が実体経済とは違うところで動くようになってきたことを意味する。景気を刺激するために、中央銀行が量的緩和《かんわ》という資金を市場に供給する政策をとることで需要が喚起され、これが過剰な需要を生み出し、その結果、価格が高くなりすぎたり、逆にその巻き戻しで下げすぎたりするようになっているのである。
これは、投資マネーのフローがコモディティ価格を動かし、実体経済や金融市場にまで影響を与えているということである。筆者は２０００年代にこの現象を、「コモディティ市場の金融市場化」と名付けた。さまざまなところでその背景について解説する機会に恵まれ、大学教授の方々と共著の形で書籍も出版している。

２００８年に原油価格が１バレルあたり１５０ドル近くまで上昇したあと、大暴落したことがあった。これこそ、余剰資金がコモディティ市場に流入し、過剰な水準にまで価格が押し上げられたことを意味する。実需の伴わないレベルにまで価格が押し上げられれば、その後は暴落するしかない。

その理由がある程度わかるのは、実需という実体経済から見たバリューが計算できるからである。コモディティのバリューを理解できれば、実体経済と価格の差をはかることができる。そのため、その後に起きることが想像しやすくなる。これは、たとえば株式投資などでも同じ理屈で考えることができるだろう。

おそらく、実体経済と株価がこれだけ著しく乖離した時代は過去にないのではないか。政府・中銀が資金をばらまいており、それらの資金が株式市場に過剰に流入しているように見える。また、コロナ禍に対処するため、さらに大量の資金を供給したことで、その動きを助長してしまったように感じられてならない。

お金を大量にばらまいたあと、その調整に失敗すれば、すなわち、ばらまきの引き締めに失敗すれば、悲惨な状況が待っていることは言うまでもない。これから起きる「債務問題」は、これまでとは質の異なるものになるだろう。そして、その結果、「現金がゴミ」になり、「金が輝く」ということになる。

長期的なサイクルで考える

「通貨価値の下落」とはどのようなプロセスで起きるのだろうか。そして、これと世界覇権の移行がどのように結び付くのだろうか。

この点を考える際には、歴史を振り返るのが近道である。いまは200年のサイクルといえるくらいの大きなフレームの中での変化が起きようとしている。その中で、現在の景気サイクルがどの位置にあるのかを考え、そのうえで今後の通貨価値の推移について考えると、見えてくるものがある。

景気や社会現象に周期的な法則があるとの指摘は昔からよく聞かれる。経済学者の中には景気循環を専門とする人もいるくらいである。短期的な景気や市場の変動について考える場合、景気サイクル論はあまり意味を持たないかもしれないが、中長期的または超長期的なサイクルを分析する際には、過去のサイクルを振り返ることは有益である。

景気サイクルの中でもっとも期間の長いものは、一般的に「コンドラチェフ・サイクル（コンドラチェフの波）」と呼ばれている。これは、ロシアの経済学者であるコンドラチェフが提唱した、約50年を単位とする経済の長期サイクルである。

コンドラチェフは主要国の経済動向を調査し、物価、利子、貿易、生産などの指標について140年間に3つの山があることを発見した。これらは、通貨、戦争、資源など多くの要因が複雑に関係していると考えられている。

コンドラチェフの波

サイクル	第1サイクル	第2サイクル	第3サイクル	第4サイクル	第5サイクル
期間	1780～ 1840年代	1840～ 1890年	1890～ 1940年	1940～ 1990年	1990～ 2040年？
ピーク	1820年前後	1875年	1920年	1975年ごろ	2020年？
テーマ	産業革命	初期近代化	近代化の促進	原子力	IT革命
産業	綿業 紡績機	鉄道建設 鉄鋼 蒸気機関車	電気　通信　化学 自動車　石油 電信電話　ラジオ	エレクトロニクス ディーゼルエンジン 飛行機　航空宇宙 家電	インターネット情報化 人工知能ロボティクス デジタル技術 バイオテクノロジー
覇権国	オランダ⇒英国	英国	英国⇒米国	米国	米国
ニューフロンティア	フランス	米国	南米・豪州	日本	中国
貨幣	金（ブラジル）	金（米国）	金（南アフリカ）	管理通貨制度	量的緩和
基軸通貨	ギルダー	ポンド	ポンド	米ドル	米ドル
エネルギー	木材	石炭	石油	原子力	エコ
戦争	ナポレオン戦争	普仏戦争	第1次世界大戦	第2次世界大戦 ベトナム戦争	イラク戦争 米中対立

＊出所：各種資料から筆者作成

第1サイクル

コンドラチェフ・サイクルの第1サイクルは1790年前後を起点とし、1820年前後にピークを迎え、1850年ごろに終了したと考えられている。

この時代は産業革命の全盛期で、オランダから英国に世界的な覇権が移り始めていたころである。当時、ブラジルで発見された金が英国に流入し、貨幣需要を支える役目を果たしたとされている。また、1830年代には英国で鉄道株ブームが起きている。

第2サイクル

第2サイクルは1875年前後をピークとし、英国が覇権国家として絶頂を極めた時代に重なる。

穀物法の廃止で自由貿易経済が始まり、新興国である米国が成長のエンジンとなった。また、この時代に経済のグローバル化が進展し、国際的な金融市場の連動性が強まり始めている。自由貿易によって穀物価格が下落し、これが消費を喚起し、各地で住宅バブルが発生したのである。そして、１８７３年のバブル崩壊で長期デフレに突入し、第２サイクルは終了した。

第3サイクル

第３サイクルは、当時の新興国である米国の急激な経済成長を背景とした景気サイクルである。第１次世界大戦で欧州は疲弊したが、米国には莫大な戦争特需が発生し、米国経済は大いに発展した。また、石油の大量生産化に成功し、さらに自動車が発明され、歴史的な技術革新が進んだことも経済発展を後押しした。

また、このサイクルのピークである１９２０年代後半には、世界的な株価高騰が見られた。とりわけ米国はバブル相場となり、株長者が続出した。

当時のハイテク銘柄である米自動車メーカーのゼネラルモーターズ（ＧＭ）の株価は、約10年で２００倍に上昇した。しかし、空前のバブル相場は、１９２９年に発生したニューヨーク株式市場の大暴落（暗黒の木曜日）で終わりを告げ、世界恐慌へ突入することとなった。この株価の大暴落で、第3サイクルが終了した。

第4サイクル

第4サイクルは、第2次世界大戦前後を起点としている。世界恐慌後、米国のルーズベルト大統領は大規模な公共事業を実施し、米国経済を復活させることに成功した。その後、第2次大戦が勃発《ぼっぱつ》し、英国は疲弊することとなった。世界大戦後は米国が完全に覇権を握り、圧倒的な経済力で世界をリードするようになった。

その一方で、戦後の日本の発展がこの時代に起きた。高度成長時代に入り、これまでになかった需要が掘り起こされ、大きく成長したのである。

また、1971年には米国が金本位制の廃止を宣言し、これを契機に経済のグローバル化がさらに進展した。金とドルの兌換《だかん》を固定比率（1トロイオンスあたり35ドル）で行うことを一時停止する「ニクソン・ショック」が起きたのである。ドルはその価値を大きく低下させ、それを利用して米国は覇権をさらに強固なものにした。その一方で、日本は常に円高に悩まされることとなった。

さて、来《きた》る２０２１年はニクソン・ショックから50周年である。この節目の年に、何か大きなことが起きそうな予感がするのは筆者だけだろうか。

見てきたように、それぞれの景気サイクルのピークが約50年ごとに到来しているとすれば、第１サイクルが１８２０年ごろ、第２サイクルが１８７５年ごろ、第３サイクルが１９２０年ごろ、第４サイクルが１９７５年ごろとなるだろう。そして、現在のサイクルが第５サイクルであるとすれば、それは情報技術を中心として発展したサイクルと位置付けられるだろう。

そのサイクルのピークは、第４サイクルから50年後のおおむね２０２０年ごろと位置付けることが可能だ。つまり、第１サイクルの２００年後の２０２０年と一致する。

これらから、２０２０年は経済の大きなピークが到来し、新しい時代に移行する重要な起点の年であるといえるのである。

オランダの衰退に学ぶ

現在の世界の基軸通貨であるドルを唯一発行する米国に今後起きる可能性について、かつての覇権国であるオランダの歴史を振り返りながら考えてみよう。

その昔、16世紀はスペイン帝国が西洋では覇権国家だった。一方、東洋では中国の明朝が覇権国家であった。当時は明のほうが大きく、実質的な覇権国家だったとされている。

オランダはスペイン帝国の一部でしかなかったが、1581年に独立を宣言し、さらにスペインと中国を追い抜いた結果、覇権国家となって、1625年から1780年まで君臨した。オランダが覇権を握ることができたのは、優れた教育を受けていたことが理由に挙げられるだろう。17世紀の主要な発明品の25％はオランダ人によるものだったともいわれるくらいである。

その最たるものは船舶の発明だ。これによりヨーロッパの人々は世界を周ることができるようになり、軍事力を使って世界中から富を集めるようになった（ほとんど強奪ともいえるが）。

また、もうひとつの発明は「資本主義」といわれている。オランダ人は、公共の場で株式を取引できる世界初の株式会社を設立した。オランダ東インド会社（連合東インド会社）を作り、世界初の株式市場を作り、世界初の効率的に借り入れができる金融システムを作り、資本主義を発明した。ちなみに東インド会社は、スペインに海洋貿易で対抗するために、1602年に複数の商社をまとめてオランダが作った世界初の株式会社とされている。

この仕組みにより、オランダは劇的な経済成長を遂《と》げた。株式市場の設立によって、多くの事業が可能になったのである。このような革命的な出来事が起きることで、覇権国家が誕生した。18世紀後半から19世紀にかけての英国の産業革命にも同じことがいえるだろう。

興味深いのは、オランダが世界中で船を使って大規模な侵略行為を行ったことで、オランダの通貨ギルダーが、実質的に世界初の基軸通貨になったという点である。

オランダは世界の大部分を支配した最初の帝国であり、自国の通貨を広く流通させることができた。これはまさに、現在の米国に当てはまることでもある。今回の新型コロナウイルスへの経済対策で、米国は無制限の量的緩和を行うと決めたが、ドルが下落しないのは、世界中で使われている基軸通貨であることが理由である。

金融市場を掌握した当時のオランダは、世界のマネーをアムステルダムに集めることに成功した。その結果、アムステルダムは世界の投資家が集まる世界最大の金融センターに発展した。オランダ政府は集まった資金をさまざまな事業に使うことができるようになった。

しかし、オランダはほどなくして覇権国家としての地位を追われることになる。繁栄には必ず終わりがあるのである。オランダの負債が徐々に増加し、貧富の格差が拡大し、さらに政治的対立などが発生したことが繁栄の終わりにつながった。さらに、軍事力の低下も痛手になったといえるだろう。

この間に力を付けたのが、次の覇権国である英国である。英国は当時、オランダと軍事協定を締結していたが、海洋貿易で利害対立が続いたことや、英国の軍事力が強大になってきたことから、英国がオランダを攻撃し、第4次英蘭戦争が勃発した（1780年）。この戦争によって英国とオランダの地位は逆転し、英国が経済面・軍事面で覇権国として君臨するようになったのである。一方のオランダは敗北により破産し、基軸通貨ギルダーの地位はオランダ海洋帝国とともに崩壊した。

歴史は繰り返すというが、第2次大戦後に米国が現在のような世界の大国になったのは、戦争に勝利し、ドルを基軸通貨に据《す》えることに成功したからである。また、前述のオランダと英国の関係は、現在の米国と中国の関係に重なって見えなくもない。

また、オランダ海洋帝国が承認した特権でビジネスをしていたことや、オランダ経済にとって重要な位置付けになっていたことから、戦争でダメージを受けたあともアムステルダム銀行は東インド会社を潰《つぶ》すことができず、ギルダーをさらに発行して救済したとされている。これは、まさに現代の量的緩和策であり、「ゾンビ企業」を生き長らえさせる愚策と重なる。

現在の米国に当てはまるとすれば、今後米国で起きることは、ゾンビ企業の破綻と量的緩和策の崩壊、そして米国の衰退ということになる。歴史が繰り返されるのであれば、米国はこのシナリオから逃れることはできないだろう。

大英帝国の覇権

英国が覇権国家になったのは、前述のように第4次英蘭戦争で、それ以前の覇権国家であるオランダに勝利したからである。一方、英国の同盟国だったオーストリア、プロイセン、ロシアは、ナポレオン率いるフランスと戦っていた。いわゆる「ナポレオン戦争」(1796－1815年)である。一連の戦争に勝利を収めた英国は、名実ともに19世紀の覇権国家としての地位を揺《ゆ》るぎないものにしていった。

戦後秩序を構築するため、戦勝国がウィーン会議（1814－1815年）を開催した。そこで英国の通貨ポンドが基軸通貨になることが決まり、ここから大英帝国の繁栄が始まった。大英帝国による平和と繁栄は100年続いた。この間、不思議なことに覇権国家に挑戦する国はなかったのである。

同じことは、第2次大戦後、現在までの米国に対してもいえる。世界各地で小さな戦争は起きており、テロ行為は頻繁に発生している。しかし、これを米国が鎮圧しても、いまは誰も文句を言わない。

しかし、米国の疲弊が露《あら》わになったとき、はたしてどの国もこれまでのように黙って米国の言いなりになるだろうか。現在の米中対立の構図を見れば、中国は徐々に米国の覇権に挑戦する姿勢を示し始めているといえる。

かつてのオランダと大英帝国の繁栄の背景には、強力な軍事態勢があった。また、その裏には船舶の保持と強固な経済基盤があったことも付け加えておく必要がある。つまり、軍事力と経済力をうまく組み合わせて、力を蓄《たくわ》えていったのである。

英国東インド会社がオランダ東インド会社に代わり、世界で最も支配的な商社となり、そして、その軍隊は英国政府の常備軍の2倍の規模となったとされている点などはその象徴的な例だろう。

覇権国になるためには、強大な軍事力と強固な経済基盤がセットでなければならない。片方だけではダメなのである。これを見事に成し遂げたのが、1800年代の英国であり、現在の米国である。

覇権国家と新しい発明

歴史に詳しくなくとも、英国がいわゆる「産業革命」で成長を遂げたことはご存じであろう。1760年代に入ると、英国はさまざまな製品の生産に乗り出し、生活水準の改善に向けて画期的な発明をした。機械を使った工場での大量生産モデルを構築し、蒸気機関による大規模で効率的な輸送を実現したのである。

このような歴史的な発明は、当時も「機械化が進むと仕事がなくなる」といわれていたが、これを現代に置き換えると、「人工知能（AI）に仕事が奪われる」という考えになる。

覇権国家が台頭する際には、このような新しい発明がある。オランダは株式市場と船舶、英国は産業革命である。そして、米国は「ＩＴ革命」ということになろう。インターネットの技術は従来軍事用だったが、それが民間に転用されたところから世界中に広がった。これを利用して、米国はさまざまな発明を行った。数多くのハイテク企業が誕生し、その技術を利用した企業群がいまの米国株式市場を支えている。

18世紀以降の英国は、オランダのやり方を踏襲《とうしゅう》しながらも、独自の技術革新で覇権国にのし上がることができた。そして、それまでのアムステルダムに代わってロンドンが世界の金融センターになったのである。まさに歴史は繰り返されたわけである。第2次大戦を経て、世界の金融センターがロンドンの金融街であるシティから米国ニューヨークのウォール街に取って代わられたのも、まったく同じ文脈である。

また、覇権国家が交代するときには、技術革新も同じように真似され、取って代わられる。英国の産業革命のあとには第2次産業革命が起きたが、これは米国が主導した。つまり、英国が繁栄に酔っているあいだに、米国が追いついたわけである。そして、気が付くと覇権国としての地位を後発国に奪われることになる。

現在、次世代通信規格（5G）では、中国が台頭してきている。つまり、米国の技術を学んだ中国人が自国に持ち帰り、それを焼き直して独自に開発した新しい技術がファーウェイのような企業の成長につながっている。これに軍事力の強大化が加わることで、中国には米国の覇権に対抗する力が備わってきたのである。

過去の歴史からすれば、いまはまさに米国の覇権が中国に渡ろうとする重要な転換点にあるといえるだろう。

覇権国家が交代する際には、戦争が起きるのが常である。大英帝国がオランダから覇権を奪ったときもそうだった。一方で、英国は二度の世界大戦では戦勝国だった。しかし、気が付くと、覇権国の地位が米国に奪われていた。その理由は、戦争に莫大なコストがかかったからである。通常は勝利国が儲《もう》かるものである。しかし、このときの英国はそうはいかなかった。

第1次大戦（1914－1918年）で英国は勝利したものの、その後のパリ講和会議（191

9－1920年）では米国が主導権を握っている。また、この間にドイツや日本も台頭し始めていた。一方で、多くの植民地を抱えていた英国は、それらを支配する力を失いつつあった。覇権国だったはずの英国は、この時点ですでに国力では米国に抜かれていたのである。しかし、英国の通貨ポンドは依然として基軸通貨として使用されていた。

第2次大戦（1939－1945年）の終結とともに、米国は名実ともに覇権国家となった。1944年のブレトン・ウッズ協定では、ドルを基軸通貨とした固定相場制が採択され、ポンドに代わってドルが正式に世界の基軸通貨となったのである。この時点では、ドルは金と一定の比率での兌換《だかん》を保証する形式をとった。この金本位制は、1971年のニクソン・ショックで金・ドルの交換が停止され、崩壊するまで続いた。

大英帝国の衰退の経緯を見ると、現在の米国がその道を歩んでいることがわかる。米国が主導したグローバル化は、中国の台頭によって米国の想定したものとは違ってきている。それまでは中国を含むあらゆる国からの留学生を受け入れ、米国流の考え方や技術を伝達し、それを世界標準にしようとした。しかし、中国はこれらのノウハウをしっかりと自国に持ち帰らせ、真似をして成長し始めた。

この動きが進展するスピードがあまりに速く、放置すれば覇権を奪われると焦りを感じた米国は、トランプ氏を大統領に据え、「米国第一主義」を打ち出し、それまでの路線を百八十度転換したのである。

覇権国家の交代には軍事力や経済力がモノを言うが、中国はまだそこまでには至っていない。とはいえ、米国に追いつくのは時間の問題だと考えられる。ただし、重要なポイントとなる基軸通貨の交替が起こるのはまだかなり先であろう。過去の覇権国家の交代の際は、基軸通貨の衰退は国家の衰退に遅れるというパターンになっている。第2次大戦のあとも、ポンドがある程度使われ続けたのはその証左である。

ポンドという通貨はいまも残っている。しかし、ポンドの金に対する価値は著しく低下している。ドルは今後ポンドのあとを追うことになるのか。その答えは、これから歴史が記録することになる。

さて、いま英国は欧州連合（ＥＵ）を離脱し、自由の身になった。今後はどの国と組んでもよい。もちろん、その際には米国が選択される。「米英同盟」の再結成である。前覇権国家と現覇権国家、この両国が新たな覇権国家への道を進もうとする中国に抗するわけである。

人間の長い歴史に学ぶ限り、結果は見えているように感じられる。米国に取って代わる覇権国家があるとすれば、どの国にその資格があるかと考えながら歴史を振り返れば、その答えはおのずと中国になる。

中国の通貨である人民元が基軸通貨になるのはまだ相当先であり、その間、ドルは基軸通貨として使われ続けるだろうが、一方でその価値もまた減価し続けることになるのである。

基軸通貨から世界を読む

過去の歴史を見れば、2020年はきわめて重要な星回りにあるといえる。そのような年に、新型コロナウイルスが世界中で拡散され、大きな犠牲を払うことになったことは、非常に不幸な出来事としか言いようがない。だが実は、起きるべくして起きたともいえる。

過去に栄えた大英帝国やオランダ海洋帝国などが凋落《ちょうらく》した際は、通貨が衰退した。その際に、インフレによる通貨価値の下落と、為替レートの下落による他の通貨に対する通貨価値の下落が起きた。今回、新型コロナウイルスをきっかけとした世界の混乱において、米国は未曾《みぞ》有《う》の財政出動と中央銀行による資金供給を行ったが、この結果、ドルはいずれ過去の主要国のような運命を辿《たど》ることになるだろう。

長期サイクルで見ると、前述の通り、大局的なサイクルは50年、100年、200年といった単位となる。このような長期間のサイクルで見れば、通貨価値の下落は必然的に起きると考えられる。そうなると、インフレが発生するのだろうか。

新型コロナウイルスの感染拡大で、世界中の多くの国がロックダウンを実施したことから激しい景気後退が起きたが、その後に起きたことは実はインフレではなく、むしろ物価の下落であった。また、原油価格の下落であり、消費者物価の大幅な下落である。

本書執筆時の2020年5〜6月の時点では、米国はインフレにはなっていない。物価が低下し、ドルの価値はモノやサービスに対してむしろ上がっている。物価は需要と供給で決まるが、モノやサービスが不足すれば、人は殺到して買い物をするようになり、モノの値段は上昇する。逆に、モノやサービスの供給が需要に対して多すぎると供給過多となり、価値が下がることになる。そして、新型コロナウイルスによるロックダウンでは、供給よりも需要が大きく低下しているのである。

それでは今後、近未来においてインフレになるのだろうか。米政府は巨額の支援策を講じており、米国民は現金給付を受け取ることになる。その給付金をどのように使うのかによって、物価への影響は異なる結果になるだろう。

ちなみにある調査では、米国民は給付金を「預金する」と答えた人が多数である。2020年4月の貯蓄率は過去最大の33％に跳ね上がっている。大量の紙幣増刷や債務拡大で需要過多の状態になればインフレになる可能性があるが、これらの経済対策で需要が回復し、インフレになるのかが問題である。しかし、市場で取引されている物価指標を見ると、将来のインフレ率は上昇しないとの見方が示されているようである。

一方、米連邦準備制度理事会（FRB）による大量の紙幣増刷とドルの供給により、ドルの通貨価値は低下することになるだろう。ただし、このドル安は急激にではなく、緩《ゆる》やかに起きると考えられる。実際のところ、ドルはこの50年間下げ続けている。そのような通貨がいきなり反転し、強い通貨になることは考えにくい。米国は貿易赤字と財政赤字を抱えており、さらに対外純負債も増加の一途である。

それでも、ドルがそれほど下がっていないように感じられるのは、ドルを必要とする国が買うからである。その背景として、ドルが基軸通貨であるという事実が最も大きく影響している。世界では多くの企業や人がドル建てでビジネスを行い、旅行をしたりしており、その際にドルを経由して決済が行われている。

コロナ危機で株価が大きく下落するなど金融市場が混乱したとき、一時ドルが大きく上昇した。これはドル建てで借り入れをしていた国や企業が、コロナ危機でその返済を余儀《よぎ》なくされ、ドルを返すためにドルを買わなければならなくなったことが背景にある。しかし、いったんドルが返済されれば、その分のドル建ての資金のやり取りは消滅することになる。

ドルは基軸通貨であるがゆえに使用されているが、ドル建て債務の返済が減るたびに、ドルを市場から買う動きが減少し、結果としてドルの基軸通貨としての価値が低下していくことになる。このサイクルを繰り返すことで、ドルの価値はいっそう下落していくだろう。

ただし、この動きはかなりの時間をかけて、ゆっくりと進むことになろう。

ヘリコプターマネーの運命

世界が今後インフレになるかどうかは、一般市民だけでなく、投資家にとっても死活問題である。通常は「インフレ＝株高」であり、「デフレ＝株安」というのが常識だからである。これまでの世界は、経済成長によりインフレ気味に推移してきた。また、経済政策により、インフレの状態が維持されてきたともいえる。

コロナ危機では需要が減少する一方、供給もある程度は減少しているため、局所的にインフレの状況が発生する可能性はある。実際に工場などが閉鎖され、多くの企業が倒産すれば、供給が減るからである。しかし、供給減による「コスト・プッシュ・インフレ」ではなく、需要が牽引《けんいん》する「デマンド・プル・インフレ」でなければ、物価の上昇は一時的なものにとどまるだろう。

一方で、供給がやや減った状態で政府や中央銀行が湯水のように資金をばらまくような「ヘリコプターマネー」が一般市民の手に届けば、需要が無理やり喚起される形で需要過多となり、結果としてインフレになる可能性も否定はできない。しかし、成熟した世界で、そのようなことが起きる可能性が低いのは、日本がすでに証明している。世界がさまざまな面で「日本化」しつつある点は気になるところである。

今回の政府や中央銀行による資金のばらまきは、新型コロナウイルスの感染拡大による経済の停滞を抑制することや、企業の救済のためである。このような不透明な状況で、企業は設備投資を先送りし、一般市民は得た資金を減った賃金の代わりに使うか、あるいは非常時のために預金するかの選択になり、インフレを起こすまでの事態に発展することはないだろう。

もっとも、その前に景気が新型コロナウイルスの感染拡大前の水準に戻るのか、という問題もある。多くのエコノミストは早い段階で経済は復活し、以前の水準を取り戻すとしているようだが、ウイルス感染のリスクを承知のうえで、経済活動を以前の水準に戻すのはあまりにリスクが高い。

人為的な経済活動の停止により、一時的に経済指標は大きく落ち込んだ。失業率や小売り売上高は激減し、企業活動が停止したことで鉱工業生産も歴史的な落ち込みを見せた。世界恐慌並みの経済悪化になるかは別としても、似たような状況に陥《おちい》るリスクはしばらくのあいだ残るだろう。

世界恐慌から第2次大戦終戦までの１９２９年から１９４５年は、各国が借金に頼った経済対策を行ったが、なかなか経済は回復しなかった。最終的には第2次大戦で供給が減少し、インフレになったことでようやく経済は戻り始めたのである。

新型コロナウイルスが戦争のように供給に壊滅的な影響を与えるのであれば、今後インフレになることで、景気の回復の足場ができるといえるかもしれない。しかし、今回はむしろ需要の回復が遅れることによってデフレ気味になるリスクがある。デフレのほうが政策対応は難しく、厄介であることは、日本政府・日本銀行（日銀）の取った政策とその結果を見れば明らかである。

債務問題から通貨問題へ

インフレにならなければ、「インフレ＝株高」の構図が崩れることになる。インフレは通貨価値の下落である。通貨以外のすべてのモノの価格が上昇することになり、その中には株価も含まれる。また、インフレにより債務負担が減少し、通貨と信用が生産性の向上と企業利益の拡大に寄与《きよ》すれば、株価の実質的な価値は上昇する。これは、インフレによる株価上昇分を差し引いたあとの株価の価値を意味する。

このような状態では、インフレ分を差し引いても株価は上がることになる。しかし、コロナ後の世界は、これまでのような「インフレ＝株高」の構図はかなり危うくなっていくだろう。

米国のインフレ率が13％でピークを付けた１９８０年、ＦＲＢは金利を引き上げ、インフレ退治を行った。しかし、それからの40年間、米国の金利はほぼ一貫して低下した。その間、インフレ率は維持されていたため、実質的な金利は低下し続け、これが株価を押し上げてきた面がある。

米国のように、高水準の債務と貧富の格差が拡大している国では、中央銀行の力は限界に達している。現状は１９２９年から１９４５年に起こった経済・金融危機とよく似ている。中央銀行や政府は資産を買い取るため、紙幣印刷により新たに生み出したお金と信用で、所得やバランスシートの大きな穴を埋めるのに必死になっている。しかし、個人も企業も国も貯蓄がないため、やがて破産に直面する可能性がある。

一方で、地政学的なパワーバランスが崩れ、世界の秩序が大きく変化する可能性もある。国同士でも国内でも、富と権力をめぐる対立が激しくなり、自由主義と社会主義の対立が激化する可能性が高まっている。まさに、現在の米国と中国の関係である。

これは、私がかねて指摘してきた、米国覇権の限界との見方と一致する。米国が対中政策を強化しているのは、中国の経済的な台頭という表面的なものではなく、自由主義と社会主義の対立という覇権主義の争いに発展し始めているからである。

この大きな動きの根幹にあるのが通貨の問題である。前述のオランダや英国の衰退が債務の拡大や通貨価値の下落とともに起こったことからも、その重要性がわかるだろう。新型コロナウイルスの感染拡大による経済の破綻がもたらすものは、債務の問題よりもむしろ、通貨の問題になる可能性が高いということだ。

米国民がドルを信用しなくなる日

米国はドルを世界の準備通貨として位置付けたことで、通貨価値を下落させずに莫大な借金ができるようになった。どんどん借金をしても、通貨の買い手が海外から現れれば、それで賄《まかな》えるからである。このようにして米国は債務を徐々に拡大させ、経済成長を加速させてきた。
戦後日本はドルと米国債を大量に買い、国力を上げてきたが、資産バブルの時代に誤った資金の使い方をしてバブルが弾《はじ》けてしまった。それでも、日本はいまでも対外資産からの金利収入で日本全体の収入を支えている。これは高度経済成長期の遺産といえるだろう。

米国は海外にドルを買ってくれる国がいることで、債務を膨張させることができる。これこそが、米国のような基軸通貨の発行国の最大の特権である。しかし、債務を膨《ふく》らませすぎると、いずれ債務超過に陥ることになる。現在の米国の債務膨張が、米国の終わりに発展する可能性はきわめて高くなっている。

米国の負債がさらに大きくなることは確定的だが、経済成長を維持するために、負債はいっそう増加し続けることになる。その債務を中央銀行が支え続ける。景気後退が起きれば、中央銀行は際限なく紙幣を印刷し、債券を買い続けざるを得なくなる。

このような事態が続けば、ドルの価値はいずれ維持できなくなる。

その結果、米国に住むことに価値を感じない有能な米国民が出てくることになるだろう。彼らはさまざまな情報とネットワークを持ち、海外でも生きていく術《すべ》を心得ている。富裕層が米国からどんどん脱出するようになれば、大変なことが起きるだろう。

米国内で高い税金を払っても、その恩恵があまりないことを冷静に考え海外に転出すれば、米国は富裕層や優秀な人材を失い、そのことがさらに国力を低下させることになる。米国の国力の低下が、さらなるドルの価値低下につながる。そして、ドル離れが進み、結果的に現金＝ドルはゴミとなるのである。

50分の1になったドルの価値

実際に、ドルは金に対して「紙くず」になったと言っていいほど価値が低下している。1971年の金に対するドルの価値を100とすると、現時点のドルの価値は1・9程度でしかない。この50年間で金に対するドルの価値が50分の1以下になっているという事実は衝撃的である。この数値に驚く人は少なくないだろう。

その昔、現金の価値が金を上回っていた時期もある。1850年から1913年（第1次大戦まで）の期間では、預金など短期金利による収入を含む通貨を保有した場合の収益は、金を保有した場合よりもよかったとの見方がある。この期間は、多くの通貨は金か銀に為替レートが固定されていた。第2次産業革命と呼ばれる時期でもあり、資金の借り手はその資金で収益を上げ、それにより借金を返すことができていた。また、資金の貸し手は、魅力的な金利を得ることができたのである。

しかし、このサイクルがいったん回らなくなると、借金を返すためにさらに借金を重ねることになる。その結果、経営は自転車操業に陥っていく。

これを行っているのが現代の米国であり、日本である。国債を発行して借金をする際に、その国債を中央銀行に買ってもらえば、いくらでも借金ができることに気づいたのである。そうすれば、政府と中央銀行の間で資金がぐるぐると回るだけで、問題なく借金を増やせるかのような錯覚《さっかく》に陥る。しかし、このような作業は価値を生み出さない。そして、資金を必要としない企業が増える中、借金を返すためだけに借金をする政府が存在することになった。

コロナ危機では、各国政府は企業や国民を救済するために多額の支援を決めた。また、中央銀行も量的緩和により国債や社債を買い入れ、金利の上昇を抑制しようとした。

この結果、通貨と信用の供給が増加することになるが、一方で通貨と信用の価値は低減する

ドルの金に対する価値の変遷

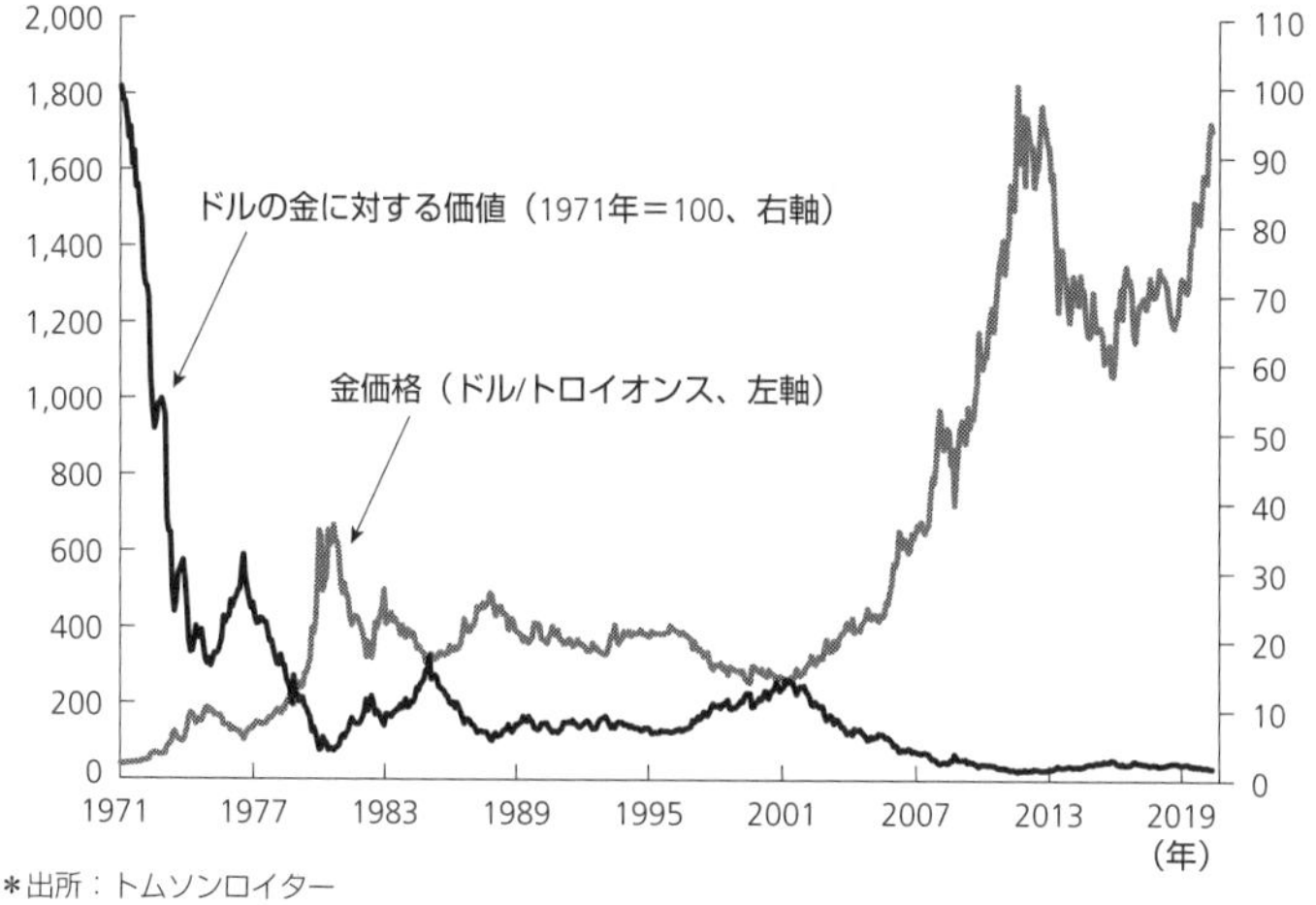

＊出所：トムソンロイター

ことになる。それらの保有者の資産は棄損し、債務者側の負担は低減する。そして、株式や債券の価値が著しく低下していくことになる。

米金利も長期低下傾向

前述の通り、米国の金利は、インフレが高騰した1980年以来、低下傾向を続けてきた。その結果、低金利政策によるバブルが何度も起きている。そして、いまや実質的なゼロ金利となり、これ以上の金利政策の余地がないところまでFRBは追い込まれた。そのバブルのツケは、いずれ一気に市場と経済に回ってくることになる。

本来、借金には「金利」というコストがあるはずである。ところがいまや、そのコストが限りなくゼロに近い状態が続くとの前提で経済は回っている。これ以上の余裕はもはやないわけである。

あるのは、政府あるいは中央銀行による債務の引き受けであり、実質的な国有化あるいは社会主義化への道である。

２０２０年に入る前、米国の個人消費は１・６％増、インフレ率は２・３％だった。この数値は、２０００年のハイテクバブル崩壊の前年と同じ水準である。大きな違いは金利水準だ。当時の政策金利は４・７５％だったが、２０１９年末には１・５０～１・７５％にまで低下した。さらに、当時は財政黒字だったが、いまや財政赤字の状態である。つまり金利は低く、財政は悪化し、政策余地が限りなく小さい状態で迎えたのが２０２０年だったのである。

コロナ禍で米政府や中央銀行が実質的なヘリコプターマネーの投入を行ったが、実際には借金の返済に利用されるだけである。借金漬けの政府が借金漬けの消費者を救済し、そのお金が借金漬けの企業を救うことになる。２００８年の金融危機の際もリーマン・ブラザーズは破綻したが、政府・中銀に〝実質的に〟救済された金融機関や事業会社が多数存在した。このとき

米国10年債利回り

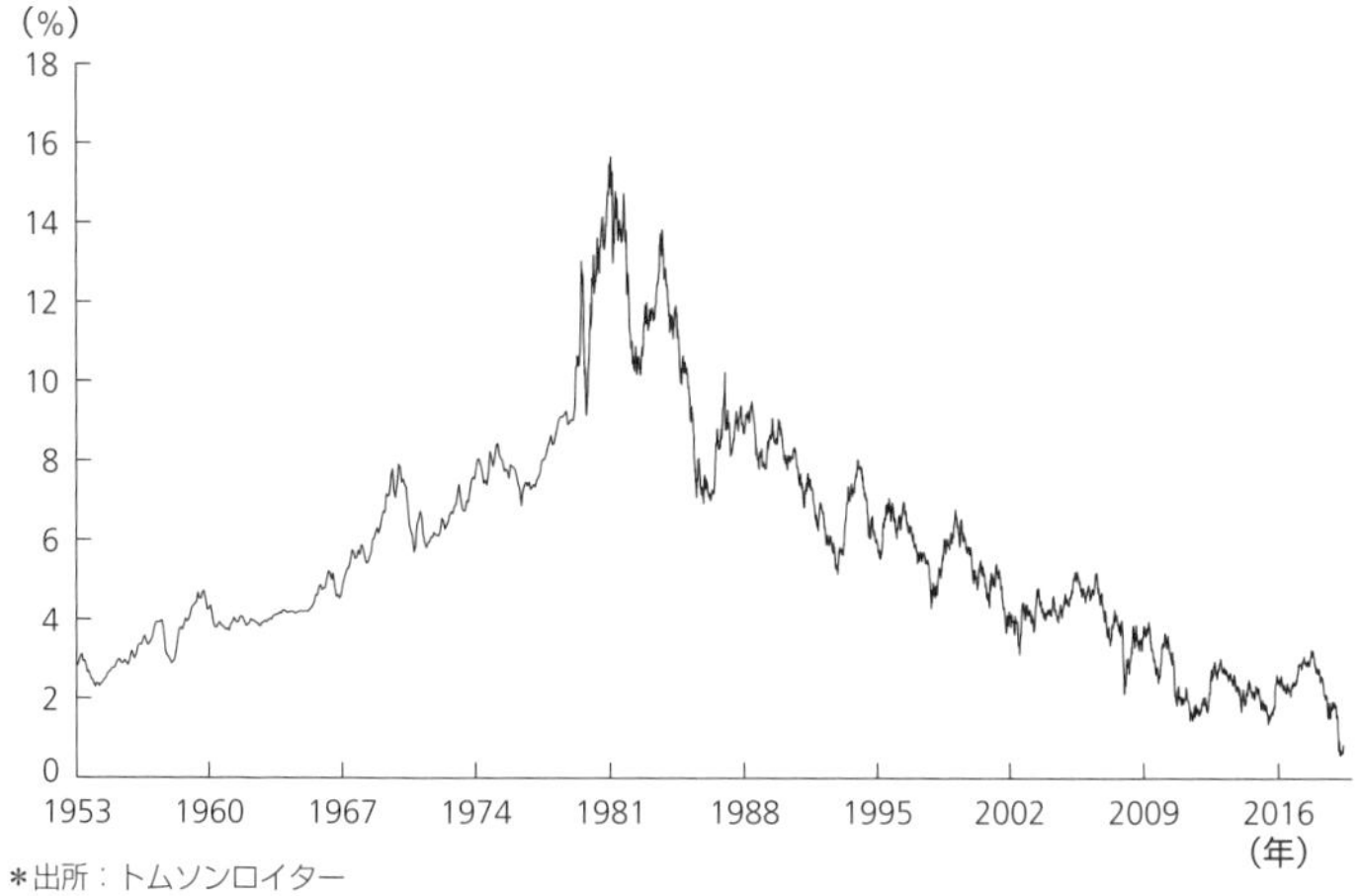

＊出所：トムソンロイター

から、このような政府・中銀による救済措置は問題ないといったような風潮になってきた。まさに「モラルハザード」である。

　いまや政府の借金は永遠であるかのように思われている。それが体現されているのが株価である。政府の借金で持ち上げられた株価は、実質的な価値と表面上の価格の乖離《かいり》がますます大きくなっていく。いずれ大きな調整が入るのは当然のことである。

　新型コロナウイルスの感染拡大という非常時とはいえ、ＦＲＢが本来果たすべき「雇用の最大化」と「インフレ率の抑制」という役割を放棄し、株価を支えるだけの「マネー・メイキング・マシン」と化した結果、ドルの価値は低下するしかない。

進むFRBの「日銀化」

いまやFRBの政策目標の第一は株価を支えることに変わってしまった。そのため、FRBはもはや市場から資金を引き揚げることができなくなっている。日本の株式市場でひたすらETF（上場投資信託）を買い続け、株価を支えている日銀と同じである。

こうした金融政策は、一見したところ株価や経済を維持させることが可能なように感じられる。しかし人為的な操作は、結果的に実体経済と株価との乖離を拡大させるだけであり、その後の調整をいっそう大きくするだけである。仮にそうならないとすれば、それは経済が社会主義化したということの証明になる。

まして、いまは利下げの余地がゼロである。金利政策の余地がまったくなくなった中で、これからどうやって危機を克服するのか、あるいは今後景気が悪化したときに何ができるのだろうか。政府や中央銀行が資金を供給し、失業を回避させ、企業の生産能力の引き上げを手助けしても、最終的にはそれで肝心の消費が増えるのかという問題に行き着く。

消費が増えなければ売り上げも増えず、企業が賃金を引き上げることも不可能である。雇用を守るために不必要なものばかり生産し、供給を増やしても、消費者がそれらを買わなければデフレになるだけである。

金融緩和がすでに行き過ぎた水準にまで拡大し、その是正がなされる前に追加の緩和策が繰り返された結果、金融政策の余地がなくなり、いよいよ行き詰まってきたというのが現在の状況である。

ということはつまり、結局のところ、世界の主要中銀が掲げてきた「２％のインフレターゲット」などは、もともと必要がなく、根拠もないものだったわけである。

国内では、安倍政権が黒田日銀に託した政策が機能しなかっただけでなく、本来すべきではなかった消費増税を実施したことで、日本のデフレ化は決定的なものになっている。すなわち、アベクロ体制で行った政策は、実はデフレ政策だったという結論になりつつある。

そして、ＦＲＢも同じ道を歩み始めた可能性が高い。ただし日本とは異なり、米国については、加えて通貨価値の下落というより重要な問題がついてくるのである。

日本でも、コロナ危機を回避するために、政府・日銀が経済を支えるべく資金供給を拡大する方針を示している。政府が借金をしても破綻しないため、積極的な財政出動をすべきという「現代貨幣理論（ＭＭＴ）」の議論が話題になったが、日本はまさにこれを実践し、問題がないことを証明している。そして、この事実が財政拡張派を勢いづかせる要因になっている。

日銀が、政府が発行した国債を引き受ける財政ファイナンスを行うことで、政府債務を肩代わりするという「親子間取引」では問題は起きないだろう。それでも日銀の資産と負債は永遠に膨らみ続けることになる。

日銀は株価を支えるためにＥＴＦを購入し続ける。日銀が個別企業の実質的な筆頭株主となり、経営を行うことが現実のものとなっても、もはや驚くべきではない。社会主義化にまっしぐらである。

こうなると、景気が悪くなる、あるいは株価が下がるのを防ぐために株式や国債を永遠に買い続けることになる。

米国はまだ株式を購入していないが、間接的に投資家に買わせているにすぎず、政策自体はすでに日本化しているといえる。金利が上がらないようにし、かつ株価が下がらないようにするために政策が行われているわけである。

どのような刺激策を打っても経済が拡大せず、企業業績も回復しない中で株価だけが上昇すれば、それはマネーゲームでしかない。現在の米国株式市場で起きているのは、まさにこのような事態である。

米国も日本も、いまや株式市場は「官製相場」に移行している。米国は実質的に自由資本主義、あるいは株式資本主義を放棄したといえる。中国を批判することはできないだろう。

日本はこの点においてすでに中国化しており、米国もその方向に進み始めている。これからの世界においては、中国のやり方がスタンダードになることが示唆《しさ》されているのかもしれない。これまで中国共産党の一党独裁によるなりふり構わない政治手法を非難してきた先進国が、いまや同じことをしているわけである。

世界の先進主要国が中国化に向かって突き進んでいることに、各国首脳は実は気づいているだろう。しかし、間違ってもそれを表に出すことはできない。

世界デフレ化のリスク

はたして米国は、ドルを基軸通貨のまま維持できるだろうか。

通貨とは、獲得した富を保存するための手段である。したがって、その価値が低下するようであれば、現金を持っていても仕方がないということになる。

前述の通り、長期的に見ればドルの価値は徐々に減価している。ドル金利は1980年を境に40年間、下げ続けており、同時にドルも減価し続けている。

その一方で買われているのが金である。2009年のギリシャ債務危機に端を発した欧州債務危機に対するリスクヘッジ先として金が買われ、2011年9月に一時1920ドルまで上昇したが、それ以降、金は下げ続けていた。しかし、2016年以降にドルが下落し始めると、再び上昇し始めている。この間に、ドルの価値はやはり減価している。ドルを保有しているとその価値は確実に低下しており、多くの人にとって、保有している現金の価値が知らぬ間に下がっていることになる。

新型コロナウイルスの感染拡大で経済活動が停止し、その後の経済への不安が高まったことで、中央銀行は空前絶後の緩和策を導入した。量的緩和を行うと、通貨と信用の供給は増加するが、通貨と信用の価値は低下することになる。その結果、通貨の保有者は資産価値が棄損する一方、債務の負担は低減することになる。これらは一般的にインフレを引き起こし、株価の実質的な価値を引き上げると考えられる。

新型コロナウイルスの発祥地が中国であるとの見方から、当初はサプライチェーン途絶による供給不足が物価高騰につながり、インフレを引き起こすとの懸念が指摘された。一方で経済活動の停止と需要不足によるデフレ圧力については、ほとんど議論されなかった。しかし、冷静に考えれば、資金供給で生産サイドは活動を継続できるものの、経済が止まり、その後も完全には回復しないことを考えれば、需要不足と供給過多が同時に起こり、むしろデフレ圧力がかかると考えるほうが正しいだろう。

まして、今後は中国や韓国、台湾などが生産活動を再開し、余剰の製品を低価格で大量に輸出する可能性がある。そうなると、さらにデフレ圧力がかかることになる。この圧力を緩和させるには、需要不足を解消する必要がある。

事業会社を潰さないように政府が直接資金を提供し、場合によっては従業員の給与も支払うこともしなければならないだろう。しかし、そうなってしまえば、それはもはや「社会主義」である。

コロナ禍のような難局では、一時的な社会主義化は仕方がないのかもしれないが、それで需要不足を解消できる保証はない。政府がすべての企業や国民を救うことはできず、企業倒産や失業者が増え、ますますデフレ化が進むことになる。

中国が覇権を握る未来

世界が同時にデフレ化すると、その先にどのような世界が待っているのだろうか。資金供給で通貨価値が低下する一方でデフレが起きるというのは、想像のつかない世界である。

しかし、起こりそうなことは、今回のコロナ危機が世界秩序に大きな影響を与え、さらに世界的に失業率が高まる中で自国第一主義がさらに強まり、グローバリゼーションが大きな転機を迎える事態である。そして、米国が先鞭《せんべん》を付ける格好で世界に保護主義が広がり、各国政府は国内産業に力を入れていく可能性が高まるだろう。

ここからわかるように、コロナ危機後の世界秩序は、「社会主義化」がキーワードになる可能性がある。ただし、昔のようなものではなく、新しい形での社会主義化である。

コロナ危機をきっかけに、この考え方を導入し、実行した国が生き残るだろう。導入に失敗した国は凋落するかもしれない。そうなると、米国の覇権とドルの価値のさらなる棄損は不可避となる。なぜなら、米国は最終的にはこのような思想を受け入れることができないからだ。

近未来において、米国に代わって中国が覇権国家になり、人民元が基軸通貨になる日が来るのだろうか。現在、私たちの目の前で起きている事態は、世界がその方向に徐々に向かっていることを示しているように見える。

米国流の自由資本主義に限界が見え始めている。米国が自国から製造業を追い出し、楽をして海外からモノを買う方針に切り替えたことが、中国の台頭を許した。その結果、中国は世界で最も重要な経済大国のひとつになり、米国は中国なしでは経済的な地位を維持できなくなっている。中国が覇権を握るまで、米中の対立構造が続くことになるだろう。

中国が真の意味で覇権国家になるには、人民元を世界に流通させ、広く使われるようにする必要がある。そのうえで、基軸通貨としての地位を確立させる必要がある。このプロセスには相当の年月が必要である。

「打ち出の小槌」はあるか？

国家が自国通貨建てで債券を発行している限り、起こり得るのは通貨への疑念であって債券のデフォルト（債務不履行）ではないという議論がある。これは、著名投資家であるウォーレン・バフェット氏も指摘しているところだ。

これまで米国は国民を信頼し、自国通貨建て債務を発行してきた。自国通貨建ての債務は、最悪の場合、通貨発行を行って返済することができるため、デフォルトは起こさないで済むという考え方である。

この論理が通用するのであれば、政府は無制限に借金をして、税金さえ不要ということになる。また、政府が発行する国債は、最終的には額面通り償還《しょうかん》されることになっているが、その場合、額面価値が低下するリスクがある。

バフェット氏は、「国家は債務支払い能力を成長させる」としているが、これは経済成長が前提にあっての話だ。

ところが、世界の成長率はすでに低下している。いまは金利が成長率を下回っており、コストを賄えていると考えることもできるが、外貨建て債務がある新興国のような国々は、このようなわけにはいかない。また、バフェット氏が信じる米国自体も、今後どうなるかはわからない。

日本は国内では莫大な負債を抱えているが、対外的には高度経済成長期に蓄えた対外資産があり、この点では問題ないと考えられる。また、それ以外にも膨大な金額の簿外資産を保有している可能性がある。多くの国が日本の資金を頼りにしていることは、これまでも見られてきた光景である。中国でさえも日本を頼りにしているのが実情だ。

日本は同じことを繰り返しても、国債は暴落せず、いまだに問題は発生していない。日本政府の負債の拡張を理由に国債を空売りするファンドが数多くいたが、結果的に彼らの描いたシナリオ通りにはならずに、巨額の損失を出して撤退している。

日本政府を単体で見たことが、失敗の原因である。日銀という「打ち出の小槌《こづち》」が裏に存在していたことを、彼らは理解していなかったのである。

ドルは安全資産なのか

株式などの資産価値が急落する際、人々は安全資産を求めることになる。このようなときには、通常ドルが買われることが多い。依然として、さまざまな国際的な決済がドルで行われているからである。一方で米国は、言うまでもなく莫大な負債を負っている。

しかし、コロナ危機で明白になったように、多くの人はいまなおドルを安全資産だと思い込んでいるようである。だからこそ、今回の危機に際してドルが買われたのだろう。

国際通貨基金（IMF）によると、2019年第4四半期の世界全体のドル準備額は6兆7450億ドルで、第3四半期の6兆7250億ドルから増加。通貨準備総額に占める割合は61・5%から60・8%に低下した。ドル以外の通貨では、円の割合が5・6%と横ばい。人民元は1・9%とほぼ変わらず。ユーロは20・5%で、前四半期の20・2%からわずかに増えている。通貨準備総額は11兆8290億ドルと、前期比で1・5%増加。前年同期比では3%超拡大した。

このように、ドルの準備比率は依然として高い水準を保っている。世界の決済通貨としての位置付けでは、ドルはなお中心的な地位を占めている。

これは、米国が第2次大戦後に世界の基軸通貨としてドルを各国に浸透させたことが大きい。大戦での勝利で米国が得たものは、きわめて大きかったといえる。だが、ドルの価値が一定であったかというと必ずしもそうではない。

いまから50年前、当時のニクソン大統領は、景気対策で好ましい成果を上げることができず、1971年夏にはインフレ、高い失業率、不況というスタグフレーションに苦しめられていた。中国への電撃的な訪問を発表した直後には、上下両院の共和党議員との懇談の席で国内の経済状況についての苦言と注文を出されたのである。

そこでニクソン大統領は、8月15日、新経済政策で誰も想像しなかったドルの金交換停止、輸入課徴金制度の設立、90日間の物価、賃金の凍結という思い切った施策を打ち出した。これが、「ニクソン・ショック（ドル・ショック）」と呼ばれる、既存の世界秩序を大きく変換させた歴史的政策転換である。

ニクソン大統領は、米国が不況から抜け出せず、ドルの切り下げが避けられない局面の中、これを単なるドルの問題とせず、多国間での通貨調整の問題に引き上げることで当面の難問解決を狙《ねら》った。
だが、結局は固定相場制が崩れて変動相場制に完全に移行し、米国が再び強い経済力を発揮するのは1980年代に入ってからのことになった。

また1974年には、財政赤字を賄うためにも必要なドルの裏付けのため、キッシンジャー国務長官とともにサウジアラビアを訪問した。当時のファイサル国王やファハド・ビン＝アブドゥルアズィーズ第2副首相兼内相との会談において、原油をドル建て決済で安定的に供給するサウジアラビアに対し、米国は安全保障を提供する協定（ワシントン・リヤド密約）を結び、オイルダラーを確立することでドル防衛に成功したのである。

さらに1980年代前半、当時のレーガン政権における米国は、高インフレ抑制策として、厳しい金融引き締めを実施した。ドル金利は20％に達し、その結果、世界中の投機マネーが米国に集中した。
ドルが高めに推移したことで、米国は輸出減・輸入増による大幅な貿易赤字に直面することになった。他方、高金利により民間投資は抑制され、需給バランスは改善された。こうして、米国はインフレからの脱出に成功する一方で、国際収支が大幅な赤字となり、財政赤字も累積して、いわゆる「双子の赤字」が拡大していった。

インフレが沈静化したあとは金融緩和が進行し、「米国は復活した」と言われるほどの景気回復を見せ、貿易赤字の増大にいっそう拍車がかかった。一方、金利低下により、貿易赤字国の通貨であるドルの魅力は薄れ、ドルは次第に不安定になっていった。

このような状況のもと、１９７０年代のようなドル危機の再発を恐れた先進国は、自由貿易を守るため協調的なドル安路線を図ることで合意した。特に米国の対日貿易赤字が大きかったこともあり、実質的に円高・ドル安に誘導する内容となった。これが「プラザ合意」（１９８５年）と呼ばれる歴史的なドルの切り下げである。

歴史的に見ると、米国はドルが暴落しそうになると政治的に支え、経済が苦しくなると、意図的にドルを切り下げることで経済を維持してきたといえる。しかし、このような政策を繰り返す中で、ドルの本質的な価値は徐々に棄損していくことになったのである。

キャッシュレス化とデジタル通貨

通貨の価値が下落する一方で、今後はデジタル通貨の問題が浮上してくるだろう。

今回のコロナ禍において、現金を手にする機会が著しく減った人は多いはずだ。いまや、現金は多くの人にとって不要なものになりつつある。

国際決済銀行（ＢＩＳ）が２０２０年４月３日に公表した報告書によると、新型コロナウイルスのパンデミックに伴い、人々の間で現金を通じてウイルスに感染するのではないかとの懸念が高まっているという。インターネットでは「現金」「ウイルス」を検索した事例が過去最多を記録したが、それだけ現金を手にしたくないと考える消費者が増えているのである。

ウイルスの感染予防のため、世界各地の消費者は〝汚れた〟紙幣を捨て去り、より接触の少ない買い物手段に乗り換えている。まさに「キャッシュレス化」である。

アイルランド中央銀行のデータによると、４月第１週の現金引き出し額は３月第１週に比べて57％減少した。フランスの通信会社オレンジは、同国がロックダウンに突入した３月に、モバイル決済額が前月比で60％増加したとしている。

外出が禁じられ、物理的に現金を手にして店舗へ買い物に行くことができないのだから、このようなデータが出てくるのは当然である。だが、経緯はどうあれ、消費者がいったん変えた習慣は、そのまま定着することが少なくない。

中国の消費者の90％近くは、パンデミック終息後も必要な品物をインターネット通販で買い続けるとしている。このようなデジタル決済の普及は、現金をますます脇役へと追いやることになる。


中央銀行としては、現金が決済手段に使われなくなるような光景は、最も目にしたくないもののひとつだろう。中央銀行の存在意義は、まさに通貨の発行にあるからである。

他方、民間企業がデジタル決済の主導権を握る恐れもある。2019年6月、フェイスブックがデジタル通貨「リブラ（Libra）」の発行を目指したが、中央銀行から圧力を受けるなどして計画が頓挫《とんざ》する事態になった。これなどは中央銀行の焦りの表れだったといえる。

中央銀行は唯一の通貨発行権を保有することで、収益を上げることができる。これを「シニョレッジ（通貨発行益）」という。実際、紙幣の発行コストは微々たるものであり、紙幣を発行すればするほど、収益が上がるのである。
この権利がなくなれば、中央銀行は収益を上げることができなくなる。したがって、是が非でも通貨発行権を維持しなければならず、できれば通貨の価値も維持したいのである。

だが、いまや世界中にデジタルウォレットが普及し、実生活になじんできている。提供する企業は、デジタルウォレットを通して消費者の購入行動から生活様式、各種嗜好まで、貴重なビッグデータを収集している。そして、これがさらに価値を生み出す構図になっている。

デメリットとして、電子マネーは公的な預金保険の対象にはならない傾向があり、業者が破綻した場合には利用者が損失を被《こうむ》る可能性がある。さらに、決済サービスには手数料がかかる。

また、ビットコインなどの暗号資産については、裏付けを持たない資産であることから、価値そのものがはかれないという欠点があり、普及が思ったほど進んでいない印象である。

一方現金は、国家による裏付けがあり、価値が安定し、プライバシー侵害と無縁であるうえに、いつでもどこでも交換できるという利点があるものの、きわめて高い価値を持ち始めた個人情報の収集はできない。通貨ではその保有者・使用者の名前も、流通ルートも追いかけることはできないのである。
さらに現金は、これまでも脱税や金融犯罪の温床《おんしょう》になっていた。その対策は長年の課題である。

これらのプラス面、マイナス面の課題を背景に、コロナ禍で世界の消費行動のパターンが一変し、現金が決済手段としての地位を低下させるのであれば、多くの中央銀行がデジタル法定通貨の研究を加速させる可能性がある。
デジタル法定通貨が導入されれば、利用者が携帯端末やカードなどに保管し、毎日の買い物に使うことができるようになるだろう。事実、世界の中央銀行の8割程度はこの研究を進めているようである。

スウェーデンは2023年にも完全キャッシュレス社会の実現を目指しており、中央銀行は2020年2月にデジタル法定通貨「eクローナ」の試験運用を開始した。また中国は、年内にも世界初のデジタル法定通貨を発行する可能性があり、そのシミュレーションを進めているとされている。

また米議会は、銀行口座を持たない数百万人の国民に新型コロナウイルスの支援金を給付するため、デジタル法定通貨をモバイル端末に振り込む構想を提案している。

消費者側も、デジタル法定通貨を受け入れる態勢ができつつある。ある調査によると、すでに半分以上の人がデジタル法定通貨が発行されれば「利用する」と答えている。しかし、ビットコインやイーサリアムといった民間の暗号資産に信頼感を示したのは25％にとどまっている。

いずれにせよ消費者の認識も大きく変わってきており、このような状況もデジタル法定通貨の発行を加速させる可能性がある。

たとえデジタル法定通貨が発行されても、現金がすぐに姿を消すことはないだろう。特に新興国では、保管価値という面で現金が引き続き重視されている。しかし、今回のコロナ禍で、紙幣や硬貨がやがて旧時代の遺物と化す流れができつつあることだけは確かである。

デジタル通貨が発行され、普及する過程では、中国が高いハイテク技術を利用して先頭を走るだろう。国の信用がなくなれば、その通貨は紙くずになるが、デジタル通貨を発行する際には、信用を担保《たんぽ》するものを裏付ける可能性がある。暗号資産が信用されていないのは、まさに裏付けとなる信用がないからである。

そのため、デジタル資本主義の裏付けに「金《ゴールド》」が使われる可能性も念頭に置いておく必要がある。デジタル通貨はそれこそ無尽蔵に発行することができる。通貨の発行と違い、物理的な費用はかからず、発行する場所や設備もほとんど不要である。だからこそ、確固たる信用を担保する必要があるといえる。

詳しくは後述するが、近年中国は金を買い進めているのだが、将来のこのような動きに備えたものである可能性は十分にある。

今後の世界と資産運用

これまで多くの個人は、資産運用の際には株式と債券を中心に据えてきた。世界経済が成長を続けるという前提に立つのであれば、長期的には株式投資が最も報われることになるだろう。このことを理論的に証明したのが、ペンシルベニア大学ウォートン・スクール教授のジェレミー・シーゲル氏である。

シーゲル氏は200年以上にわたる米国株の長期リターンを研究し、株式の長期投資が最も儲かるとの結論に至ったという。そして、「人々が努力する限り、それは企業活動にとってプラスとなり、そのプラスは企業の利益を生み出し、その利益は株価を押し上げる」と結論付けている。また、「債券や金や不動産では、この人々の夢や希望を追うための努力が価格に反映されるということは少ない。資本主義社会において、株式会社とは人々の努力を反映する仕組みである」としている。

シーゲル氏によると、1802年に米国株に1ドルを投資していれば、現時点で150万ドルになっているという。これは、217年間で米国株が平均6・7％上昇したことを示している。この数値は、この間の米国のインフレ率である平均1・4％を控除しており、名目の株価成長率は8・1％である。

一方、米国長期債に1ドル投資していれば、現在価値は2000ドル、金は3・4ドル程度にすぎないという。つまり、国債と金の場合の実質利回りは、年間平均でそれぞれ3・5％と

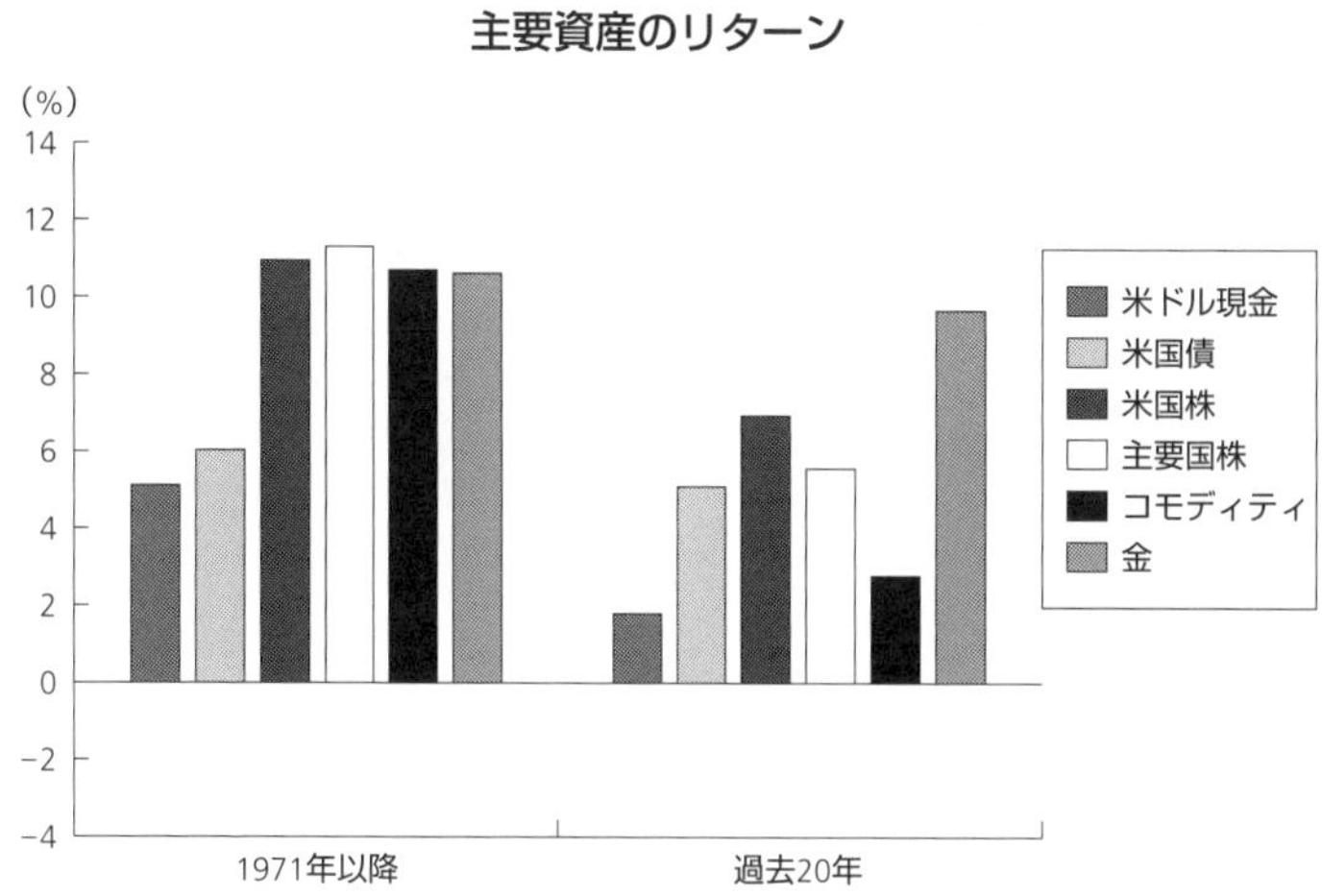

＊出所：WGC（ワールド・ゴールド・カウンシル）

０・６％でしかないということである。

数値で見れば、株式投資と債券・金への投資のリターンはあまりに違う。しかし、米国株式市場はかなり特別である。日本株への投資では、このようなリターンは得られない。現在の米国株は、一部のハイテク企業に資金が集中し、株価上昇の大半がこれらの企業の成長で説明できる状況である。

世界一の株式投資家と呼ばれるウォーレン・バフェット氏は、「２４０年前から米国は人々の創意工夫、市場制度、才能豊かで野心的な移民と法の支配が豊かさをもたらしてきた。過去何度も言ってきたが、この先もこう言うだろう。今日米国で生まれた子供は、歴史上で最も幸運だ」としている。そもそも、自身の資産の増加が米国の成長によってもたらされてきたバフェット氏が、米国そのものを否定するはずがない。

今後も米国が成長するかは誰にもわからない。ひとつ言えることは、経済成長率は明らかに鈍化しているということである。

また、米国株のリターンそのものも低下してきている。1920年代以降のS＆P500の投資リターンを見ると、1920年代以降で20年間保有した場合の年率の平均リターンは11・0％だった。しかし、直近20年の年率の平均リターンは5・6％に低下している。世界の株価指数で最も大きく上げているといわれる米国でさえ、1年間のリターンはいまや5・6％でしかないのである。

シーゲル氏が指摘する、過去217年間での平均リターンである6・7％と比較しても明らかに低下してきている。

現在では、米国の主力企業で構成されるS＆P500に投資をしても、以前ほどには収益を得るのが難しくなってきている。これは、米国の潜在成長率が以前の3・5％から現在の2・0％に低下していることが背景にある。バフェット氏は、「個別銘柄への投資がわからなければ、「S&P500に投資すればよい」と言っているが、私たちは徐々にリターンが低下しているという事実に目を向けておく必要がある。

シーゲル氏は、米国も高齢化しているものの、インドなどの途上国の成長が今後の米国の成長を助けるとしている。私も以前から、インドが今後最も大きく成長し得る新興国であり、投資先として選別すべきとしてきた。

実はそのインドは、中国に次いで世界第2位の金需要国でもある。金という観点から未来を予測するのであれば、インド経済が拡大し、購買力がついてくるのであれば、インドもさらに金を買い進めるということを考慮に入れる必要があるだろう。

通貨の下落を金でカバーする

今後、通貨の価値は下落する一方になるだろう。債務不履行は政府・中銀が肩代わりすることで回避される可能性があるものの、その結果、通貨の価値が大きく棄損するだろう。ドルの基軸通貨としての価値が低下し、これまでとはまったく異なる枠組みが構築されていく。

前述の通り、人民元が基軸通貨になるのはまだ相当先だとしても、中国が各国の経済に深く関与し、一部の国にきわめて深く入り込んでいることを考えると、このような考えを冗談として笑い飛ばすことができなくなっているのは確かだ。

その中国が手元にため込んでいるのが「金」であることを、再確認しておく必要がある。

世界情勢が大きく変化していくに従い、今後の資産運用は株式を中心としながらも、債券の役割は徐々に金に置き換えられていくと考えられる。

しかし日本の投資家は、金に投資していないように見える。現在の市場リスクを考慮すれば、株式投資を中心に据えるとしても、金と現金（円）の比率をこれまで以上に高めることが不可欠であろう。ドルの金に対する価値は50年で50分の1以下になったが、円の金に対する価値はこの50年で13倍になっており、むしろ上昇しているからだ。

その意味では、金のみならず、円も今後は貴重な資産になるだろう。意外に感じられるかもしれないが、ひとつの事実がある。主要通貨の中で、この50年で金に対して価値が上昇しているのは円だけなのである。

日本では、外貨預金などでドルを投資先に選択している投資家が多いだろうが、歴史を見ればそれはほとんど意味がなく、むしろ資産を減らす可能性のほうが高い。通貨価値という観点に立てば、ドルを買うよりも、むしろ円を保有しておいたほうがよい。これは、ユーロやポンド、豪ドルなど主要通貨に対しても同じである。

いまや各国の金利差はほとんどない。金利を投資対象にする時代ではなくなっているという点も、すでにゼロ金利になっている円には有利に働くだろう。債券よりも金利の付かない金や、もともと金利の低い円が相対的な優位さを持つわけである。

このように考えると、今後資産ポートフォリオを組む際には、たとえば株式・金・円を３分の１ずつ保有するくらいの大胆な配分でもよいだろう。そのうえで、長期的な景気サイクルなどを考慮し、大きく価値が低下したものを買い増し、保有比率が一定になるよう調整する（これを「リバランス」という）ようにすればよいだろう。

債券などにも投資したいと考える人がいるかもしれないが、それらはあくまで少額とすべきだ。債券がメインの投資対象になる時代はもはや終わったのである。

株式については、個別銘柄への投資を志向する人もいるだろう。それは好みの問題である。ただし、個別企業には倒産リスクや企業不祥事のリスクがある。そのため、個別企業への投資に不案内であれば、主要株価指数に連動するＥＴＦに投資すればよい。そのうえで、株価が大きく下落したときに、現金を投入して株式に資金を振り向けるなど柔軟に対処すればよいだろう。

ただし、株式投資をする際には、金にも同時に投資することが肝要である。必ずリスク分散を行うようにすることが、リスク軽減につながるのである。

近年の金のパフォーマンスは良好

さて、シーゲル氏が「リターンが低い」とした金だが、投資家は金に何を求めるだろうか。まずは安全資産としての機能だ。突然の世界情勢の変化などで株式市場が大きく下落するようなときに、資金の逃避先としての機能に期待するだろう。コロナ危機においても、金価格は原稿執筆時点で年初から15％上昇し、大きく値を下げたリスク資産である株式や原油などと比較しても、圧倒的に高いパフォーマンスを示している。

金に関する国際調査機関のワールド・ゴールド・カウンシル（WGC）が公表した「戦略的資産としての金の重要性」というレポートでは、過去の金融危機時における主要資産と金のパフォーマンスを比較している。1987年のブラックマンデー、1998年のロング・ターム・キャピタル・マネジメント（LTCM）破綻（債券運用での失敗）、2001年9月11日の米同時多発テロ、2002年の世界経済の失速、2008年のリーマン・ショック、2009年以降の欧州債務危機、2018年の景気減速などが比較対象となっている。

WGCが2019年末までのデータを検証したところ、通常の景気拡大期と景気後退期では、金と世界株式の相関係数はマイナス0・05およびプラス0・1、日本株の代表的な指数である東証株価指数（TOPIX）とはマイナス0・01およびプラス0・1、世界の債券とはそれぞれプラス0・05およびプラス0・2、日本国債とはマイナス0・25およびプラス0・02となっている。

つまり、景気がよくても悪くても、金は他の資産とほとんど相関がなく、値動きが異なるということである。これは、株式と金を同時に保有していても、その価格が同じようには動かないことを示している。

では、「金投資のリターン」はどうだろう。

金は金利が付かず、配当もないため、保有しているだけではリターンもキャッシュフローも生まない、との指摘がよく聞かれる。しかし、過去20年の金の平均年間リターンは10％程度であり、実際には株式や債券よりも高いリターンが得られている。過去10年および過去5年でも、それぞれ6％および3・5％と堅調である。

シーゲル氏は長期間の株式・債券・金のリターンを調べているが、直近ではむしろ株式のリターンは低下しており、金が高くなっている。これらの数値でも確認できるように、投資分散効果が得られるのである。そのため、たとえば私たち日本人が円で運用した場合、金を資産の4〜13％程度保有すれば、運用パフォーマンスが向上することがわかっている。

つまり、金を長期の資産運用に加えたほうがよい、ということである。

金市場は規模が小さく、取引がしづらいと思われがちだが、実際には日本株やNYダウ平均株価よりも流動性が高いとされている。2019年の金の売買高は、日次平均で約16兆円もあり、深刻な金融ストレスの状況下でも金の流動性は枯渇《こかつ》しないことがわかっている。コロナ危機が発生した2020年3月に株価が急落し、ヘッジファンドや機関投資家が顧客からの解約または追加証拠金（追証《おいしょう》）などの要請に応じるため保有資産の売却に動いたときにも、金市場はまったく混乱もなく多くの取引を吸収した。このことからわかるように、市場の厚みは十分証明されている。

すなわち、金融市場の流動性が懸念される事態になったときほど、金の重要性が際立つのである。

一般的に資産運用は、株式と債券が主たる対象になることが多かった。だが、これまで述べてきたように時代は大きく変わりつつある。今後は株式リターンが低下し、金のリターンがそれを上回る時代になる。個人としては資産ポートフォリオの見直しが必須である。

金はどこで買えるのか

金がこれから重要な資産であることは十分に理解できただろう。そして、個人が金を保有するのはそれほど難しいことではない。

金の地金《じがね》、つまり金の現物そのものを保有したい場合には、大手の金地金を取り扱っている先から購入できる。コインなどであれば、さまざまな単位で購入できるため、少額からでも購入が可能である。

それ以外であれば、金を証券で保有するという方法がある。これは、証券市場に上場している金を裏付けにしたＥＴＦ（上場投資信託）に投資する方法であり、間接的に金に投資しているのと同じ効果を得ることができる。これも通常の証券取引と同じ口座で手軽に始めることができる。

また、商品先物市場で金を取引するという方法もある。実は先物市場での取引が最もコストを低く抑えられる。また参加者が多いため、価格が敏感に反応し、市場心理が正しく反映されるというメリットもある。

さらに、証拠金取引で行うことができるため、少額投資で大きな金額の取引ができるところも魅力的である。取引した額面の代金を支払えば、金地金を引き取ることも可能である。

近年では、ＣＦＤという金融商品で金を取引することも可能になっている。ＣＦＤとは「Contract for difference」の略であり、「差金決済取引」のことである。これは「差額だけをやり取りする」取引のことであり、利益が出たら利益分のみ受け取り、損失が出たら損失分のみを支払う形で取引を行うものである。

ＣＦＤ取引は、さまざまな金融商品や個別株式なども取引ができるようになっており、非常に便利なツールといえる。また、これも証拠金での取引であり、少額の資金で大きな金額の取引ができるメリットがある。

この方法であれば、実際に金地金を保有せずに、金価格の値上がり益を得ることができる。この点では、先物取引と似ているといえる。

危機に強い「安全資産」

２００７年から２００８年にかけての世界的金融危機や、今回のコロナ危機に端を発した株価急落の際には、多くの投資家が保有する資産をすべて売り、現金化を急ぐ動きが見られた。

その結果、金も同時に売られて大きく値を下げた。

だが、その後いち早く値を戻したのは、ほかでもない金だった。コロナ危機でも金は早々に値を戻し、直近では高値を回復。8年ぶりに高値を更新している。

賢明な投資家は、過去の経験を生かして金を安値で買い入れ、資産保全をしっかりと行っているようである。無論、私もそのようにしている。


世界的に金はインフレヘッジや安全資産としてなど、さまざまな局面で注目を集めることがあるが、近年ほど「資産ポートフォリオに組み入れる」という考え方が浸透し、投資家層が広がった時代はない。このような世界的な金投資の潮流がいまの金相場を支えている。この動きはもはや止められないだろう。

金に資金の一定量を投資しておいたほうが、ポートフォリオのリスクが低減できることを理解している投資家も増えており、彼らの買いが根雪のように積み上がることで、金価格が支えられ続けることになる。


世界を見渡すと、米国と中国の関係は今後さらに不安定化することは確実な情勢である。トランプ大統領が中国との関係断絶の可能性すら示唆するなど、米中間のあつれきが再燃しており、景気シナリオに改めて暗雲が漂《ただよ》っている。

世界の先行きはきわめて不透明であり、このような時期には金が資産を守ってくれるとの見方が強まりやすいといえる。また、今後起こり得る新型コロナウイルスの感染第2波のリスクを常に念頭に置いておく必要もあるだろう。


2020年6月30日時点の新型コロナウイルスの感染者は世界で1030万人を超え、50万人以上が死亡している。世界中の経済活動が打撃を受けたことで、各国の中央銀行や政府は巨額の経済刺激策を迅速《じんそく》に打ち出し、低金利状態は当面維持されるだろう。現在の金市場を取り巻く環境は、金にとってきわめてポジティブな状況にある。

コロナ後の景気回復への期待が株式市場を支える場面もあるものの、いずれ「実態悪」に直面し、その際に、資金の逃避先として金が選択されやすくなることは言うまでもない。

このような市場環境の中、原稿執筆時に1トロイオンス＝1700ドル台前半を推移する金相場が、2011年に付けた過去最高値である1920ドルを超えるのは時間の問題かもしれない。

また、ドルの価値が今後確実に低下していく中で、金の相対的な価値はさらに高まっていく。その結果、金に対して株式や債券以上の価値を見出す投資家が増えていくことになる。そうなれば、一時的に「金バブル」のような相場展開が現れてもおかしくない。

そうなった場合でも、金相場は上下動を繰り返しながらも持続的な拡大を続け、ドルに対する価値はさらに高まっていく。1トロイオンス＝2000ドルというラインは通過点でしかないのかもしれない。

ニクソン・ショック50周年に起きること

新型コロナウイルスによる経済活動の停滞は、今後世界の物価を低下させる。経済活動の再開後も、なかなか以前の状態に戻ることはなさそうだ。

企業による解雇や賃下げで、個人収入は減少することになる。必然的に購買力は低下する。さらに、感染第2波への恐れもあり、積極的に消費する動き自体が抑制されるだろう。家計においては、資金を貯蓄や負債の返済に回す可能性が高いと考えられる。

また、政府・中銀の支援で生産活動が回復し、製品の供給が増える一方で、需要が伸びないという事態が起こり得る。この面でも物価は下落必至で、デフレ色が一気に強まるだろう。コロナ危機の当初は、企業が製品やサービスを提供できなくなる「供給不足」と、消費が減る「需要不足」の両面が指摘されたが、今後は供給過剰によるデフレリスクを念頭に置いておくべきである。

需要の減退で消費者が製品・商品の将来の値下がりを予想し、買い控えるようになると、企業はさらなる値下げを迫《せま》られ、賃金が下がる悪循環が起きやすい。日本国民はすでにこの状況を長年経験してきた。デフレがいかに危険かを知っているわけである。

デフレの状況が長引くと、経済が停滞し、企業の資金繰《ぐ》りや銀行のバランスシートにまで影響が波及し、デフレ圧力が増し、景気はさらに停滞する可能性がある。

こうした状況を回避するには、まず雇用を守ることである。

コロナ危機を契機に、人を必要とする業態が大きく変化する可能性がある。医療従事者やインターネット通販・宅配、在宅勤務関連のＩＴ企業などは採用を増やすだろうが、一方でサービス業の中には事業の継続自体が困難になるところも出てくるだろう。

このような市場環境の変化に合わせた雇用のシフトが、世界的なデフレを回避するために不可欠といえる。


世界の動きはどうか。

中国は意図的と思えるほど、世界とのあつれきを強めているように見える。新型コロナウイルスの発生後もその動きはむしろ加速している。

米海軍の存在感が低下した東・南シナ海では中国公船が活動を活発化させ、また、新型コロナウイルスの発生源の調査を主張した豪州からの食肉輸入を一部停止した。さらに、中国公船が尖閣《せんかく》諸島周辺の領海に侵入し、日本の漁船を追いかける異例の事態が起きた。

このような中国の高圧的な外交姿勢は、コロナ後の世界情勢をいっそう不安定なものにするだろう。

中国は世界でいち早く新型コロナウイルスの感染拡大から立ち直りつつあり、それを逆手にとって覇権を取るべく攻勢をかけてきているように見える。

危機感を強める米国は、中国が埋め立てた南シナ海の人工島に向けて艦船を派遣するなど、南シナ海でのプレゼンスの維持を図るべく、中国を牽制《けんせい》しているが、その米国艦船の艦内で新型コロナウイルスの感染が発生するなど対応に追われており、力を十分に発揮できない事態に陥っている。

欧米各国は今後、中国に対して新型コロナウイルスの感染拡大に関する客観的な調査を求め、その結果次第では賠償金の要求も行う姿勢を見せている。だが、中国はそれらを唯々《いい》諾々《だくだく》と受け入れることはないだろう。むしろ、このような欧米の姿勢を批判する立場を鮮明にしているのが実情である。

中国では、１２０年前の義和団事件（１９００年）で清朝が列強から賠償金を負わされた歴史になぞらえて、中国責任論を警戒する論調が広がっているとの見方もある。欧米による中国責任論を抑え込もうとするあまり、この態度がむしろ欧米側の反発を招いており、悪循環に陥っているのではないか。

いずれにせよ、世界はますます混沌《こんとん》としていく。

世界を取り巻く問題が簡単に片付くことはなく、長期化することは必至である。そして、欧米と中国のやり取りが激化するたびに、市場は不安定化し、そのたびに投資家は金への注目度を高めることになる。

金は通貨価値の低減を背景に、自然とその価値を高めることになるが、これに加え、米大統領選の不透明感や欧米と中国との対立の激化など、国際情勢の先行きに着目した投資家が、金を安全資産として買う動きを強めるだろう。

最終的には、通貨価値の下落が金価格の本質的な価値を高めることになる。

ニクソン・ショックから50周年を迎える２０２１年には、金の位置付けがより明確になり、その価値の高さに目を向ける人々がさらに増えると考えられる。その結果、金価格の水準は引き上げられていくことになる。

そして、米国から中国へと世界の覇権が移行する過程において、金はますますその価値を高めることになるだろう。

ちなみに、前述で「現金は国家による裏付けがある」としたが、それはあくまで国家あるいは中央銀行が発行している、という意味である。法定通貨の価値が暴落した場合や故意に暴落させた場合、政府が何かを保証してくるわけではない。つまり、暗号資産と同じである。以前であれば、紙幣は金や銀などと交換できたが、現在の法定通貨は「不換紙幣」である。政府が何かと交換してくれるわけではなく、まして政府の「信用」で成り立っているわけでもないのである。

だからこそ、今後はますます金の紙幣への相対的な価値は高まらざるを得ない。ちなみに、近年の金の生産量はほとんど伸びていない。金価格が高かった2010年代に将来への投資を怠《おこた》ったつけである。供給量が増えなければ、金価格は必然的に押し上げられるだろう。

また、最近になって、富裕層に投資助言するプライベートバンク（PB）が、金の持ち高をもっと増やすよう勧めている。コロナ危機以前は、大半のPBが顧客に推奨する金の保有比率はわずかだったが、いまは最大10％にまで拡大している。

このように、世界では投資家の金への関心が高まっている。日本の投資家も海外の動向に目を向けるべきである。

GOLD SHIFT

第2章

コモディティから米中の未来を読む

米国vs.中国の覇権争い

第1章で見たように、長期的な視点で捉えれば「米国の衰退＝中国の台頭」は、通貨の問題が重要なポイントになる。事実、中国の台頭に米国は相当の焦りの色を見せている。その流れの中で、世界情勢は大きく変化し始めている。

そこで本章では、現在の世界情勢の変化と中国の台頭、そして中国が金保有量を増加させているという事実に目を向けながら、コモディティ・ストラテジストの視点を織《お》り交《ま》ぜつつ分析していきたい。

これから起きることとは、米国と敵対してきた二大大国の中国とロシア、さらに欧州の位置付けが変わる歴史的転換である。

これまで中国とロシアは、米国の今後を大きく左右する存在とされ、米国は大いに警戒してきた。しかし、ロシアは原油安で大きく力を落とすこととなった。一方、中国はしたたかであり、潜在的な国力に圧倒的な差があるように見える。

中国は2000年代に入ってから急速に国力を高めた。その際に拡大したのがコモディティ消費量である。原油輸入量が増加し、原油価格が2008年に歴史的高値を付けるのを後押しした。また非鉄金属については、世界最大の消費国になっただけでなく、生産国としてもトップに躍《おど》り出ている。アルミや銅などの生産量も世界の半分を占めている。

一方のロシアも、原油高や、ニッケルおよび世界一の生産量を誇るパラジウムなど非鉄・貴金属の生産を背景に国家収入を増やし、国力を高めてきた。

両国とも新興国と呼ばれることがあるが、コモディティの生産・消費などを梃《てこ》にして成長し、いまや立派な大国である。そのような国家の挑戦を受けているからこそ、米国は焦りを強めているのである。

2016年がターニングポイント

近年の世界情勢は、実は2016年から徐々に変化し始めていた。

2016年6月には、英国で欧州連合（EU）からの離脱の是非を問う国民投票が実施された。また、同じ年の11月には米国でトランプ大統領が誕生した。後年振り返れば、この年が2

021年以降の世界の枠組みが再構築されるうえできわめて重要な年だったと評価されることになるだろう。

米国は、トランプ政権が誕生するや「米国第一主義」を掲げ、これまで以上に自国に有利に作用するように仕向ける政治を推し進めた。2017年には環太平洋経済連携協定（TPP）から離脱し、経済面でも米国の独自色を強めることで、自国に有利になるように交渉を進めようとしたことはすでにご承知の通りである。


米国が中国に対して貿易戦争を仕掛けたのは2018年7月のことだった。「米中新冷戦」とも呼ばれる米中の対立は、年率6％以上のペースで経済成長を遂《と》げ、ハイテク分野に深く食い込んでいた中国に対し、いわば「出る杭《くい》を叩《たた》き潰《つぶ》す」ことを目的に米国から仕掛けた経済戦争であった。

この政策にドライブをかけたものこそ、ペンス副大統領が2018年10月4日にワシントンで行った演説である。ペンス副大統領は、中国に対し、貿易など経済に限らず、安全保障分野においても「断固として立ち向かう」と言明した。

この演説は、かつての米ソ冷戦の始まりを告げた「鉄のカーテン」演説に匹敵する歴史的なものだったと評価されている。

ペンス副大統領は、「中国は政治、経済、軍事的手段、プロパガンダを通じて米国に影響力を行使している」とし、「米国は中国に自由なアクセスを与え、世界貿易機関（ＷＴＯ）に招き入れた。経済だけでなく政治的にも、中国が自由を尊重するようになると期待したからだ。しかし、期待は裏切られた」と続けた。さらに、「中国政府はあらゆる手段を使って米国の知的財産を手に入れるよう指示している。安全保障に関わる機関が窃盗《せっとう》の黒幕である」と喝破《かっぱ》。加えて、「習近平国家主席はホワイトハウスで、南シナ海を軍事化する意図はないと言ったが、実際には人工島に対艦、対空ミサイルなどを配備している」とし、中国を強く非難した。

また、「中国政府は国民を監視し、反政府的人物は外を一歩、歩くのも難しい」「中国ではキリスト教徒や仏教徒、イスラム教徒が迫害されている」と指摘。そのうえで、「中国はアジア、アフリカ、欧州、南米で借金漬け外交を展開している。負債が払えなくなったスリランカには、港を引き渡すよう圧力をかけた。中国の軍港になるだろう」と批判したのである。

判断ミスをした米国

だが中国は、このような発言を気にもとめていないだろう。「世界覇権の奪取」という壮大な目標を成し遂げるため、「一帯一路《いったいいちろ》」構想を推し進め、新興国のインフラ接収を続けてきたのである。当初米国がこの動きを野放しにしたこともあり、中国は徐々にその勢力を拡大していった。要は、米国は中国を甘く見ていたわけだ。完全に判断ミスである。

振り返ると、トランプ大統領は就任当初、習近平国家主席を米国に招いて、歓待した。その場でシリアにミサイルを撃ち込み、「米国はやるときはやる」ことを見せつけた。このとき、トランプ大統領は米国の威厳を十分に見せたと勘違いしたのであろう。ところが中国はまったく怯《ひる》むことなく、プラン通りに徐々に力を増していった。

中国は２０１５年５月に「中国製造２０２５」というハイテク分野を基盤とした経済成長の目標を掲げた。次世代情報技術や新エネルギー車など10の重点分野と23の品目を設定して製造業の高度化を目指し、建国100年を迎える2049年に「世界の製造強国の先頭グループ入り」を目指す長期戦略の根幹としたのである。

着実に計画を進める中国に対し、米国はさらにいらだちを強め、その結果、中国からの輸入品に高い関税をかけ、経済面で圧力をかけることを選択した。

やりたい放題ともいえる近年の中国に対し、軍事衝突に持ち込んで、力業で制圧するというのが本来の「米国流」である。しかし、それにはもはや費用がかかりすぎるだけでなく、効率も悪い。したがって、米国は中国に対して経済面での締め付けを厳しくすることで、中国経済を疲弊させ、国力の低下を図ろうとした。

しかし、これも中国には通用しなかった。中国の「中国製造2025」政策に難癖をつけ、中興通訊（ZTE）やファーウェイを締め出すことで、疲弊を図ろうとしたものの、中国のほうがしたたかだった。その都度別の方法を見つけ、直接的な衝突を避けながら問題を解決しようとしており、中国は米国が考える以上にしぶとかったといえる。

このような米中の緊張状態がさらに高まるさなかに発生した事案こそ、中国・湖北省武漢市が発祥地とされる新型コロナウイルスの世界的な感染拡大である。そして、その影響をどの国よりも強く受けたのが、ほかでもない米国であった。

米国が世界で最も大きな被害を出すに至り、トランプ大統領は、新型コロナウイルスの呼称を「来た場所の名前で」表現し、「中国ウイルス」と呼ぶことにしたのである。これに対して中国は反発し、「米軍起源説」を唱《とな》えて牽制《けんせい》した。このような見方を放置すれば、「気づいたら米軍起源説が世界の定説になっていた」となりかねないこともあり、トランプ大統領は必死に中国への非難を続けた。

ポンペオ国務長官も、情報戦の味方を増やすことを画策し、「武漢ウイルス」と呼ぶ国を増やそうと試みた。3月25日に行われた主要7カ国（G7）外相がテレビ会議方式で開いた会合で、新型コロナウイルスを「武漢ウイルス」と呼ぶよう訴えたのである。

G7外相会合の議長を務めたポンペオ氏は、「中国が偽《にせ》の情報を流布《るふ》している」とし、「G7各国はそれを把握している」と表明した。ところが米国以外の国は、中国差別を助長しかねない「武漢ウイルス」という用語を用いることに同意しなかった。事実であることを立証できず、「ポリティカル・コレクトネス（政治的・社会的な公正さ）」に違反する恐れがあるからだ。

結局、国際協調に水を差すとして、その他の国はこの呼び方に反対し、共同声明の発表が見送りとなったのである。

一方、米国と「特別な関係にある」英国では、チャールズ皇太子やジョンソン首相が新型コロナウイルスに感染するなど、「他人事」ではないという点で他国とは大きな違いがあった。特に、ジョンソン首相は中国に対し激怒していた。英政府関係者は、新型コロナウイルスの危機が落ち着いたら、中国は「報い」を受けるだろうと警告している。さらに、中国製品に頼らない経済を構築するように指示したとされており、今後は英国でも中国排除の動きを強める兆《きざ》しがある。

2016年6月に英国でEUから離脱するかどうかを決める国民投票が実施され、離脱が決まった。その後のプロセスには紆余曲折《うよきょくせつ》があったが、このような判断が下されたのは、英国がEUの枠組みから離れ、自由に行動できるようになる選択をしたということである。

1993年のEU誕生時に英国が通貨ポンドを手放さなかったのは、その意味では大正解だったといえる。むしろ、将来的にEUを離れる可能性まで考慮して、英国は自国通貨を手放さなかったとも考えられる。

「ブレグジット」は、米国との「米英同盟」が真の意味で復活することを意味している。これは、トランプ大統領とジョンソン首相のやり取りや行動を見ていれば容易に理解できる。その意味では、これから起きるのは米中対立ではなく、米英対中国の構図になるかもしれない。この論点は非常に重要である。

米国民の怒り

新型コロナウイルスの感染者数・死亡者数で世界一という不名誉な状況にある米国だが、経済的な打撃も、リーマン・ショック後の２００８〜２００９年を上回ることは確実な情勢であり、失業者があふれかえっている。米国民の怒りはトランプ大統領に向かい、２０２０年11月3日の米大統領選挙にも大きく影響することになる。

トランプ大統領は批判の矛先を変えようとしている。今後の選挙戦ではますます中国批判を強め、国民の同意を取り付けようとする言動が続くだろう。

そのため米中両国の覇権争いは、関税引き上げ合戦やファーウェイ締め出しといった「経済戦争」から、より広範囲な国際的な問題に発展していくことになるだろう。

米国は中国と対峙《たいじ》する台湾への武器売却を大幅に増やし、圧力をかけると考えられる。また米国は、香港の民主化勢力を支持しているが、中国は香港デモが米国の指揮のもとに行われたと考えており、この点はさらなる対立の火種になり得る。

最近では、「中国共産党は現代のナチス」「習近平は現代のヒトラー」という言葉がネット上で見られるという。その最大の理由は、中国政府が一説には１００万人とも指摘される数のウイグル人を強制収容していることにある。これらの事実は、ペンス副大統領やポンペオ国務長官が中国を厳しく非難するうえで格好の材料となる。

それでも中国はびくともしない。相手が怒れば怒るだけ、中国はより強くなっていく。そのような中国に対し、トランプ大統領はいっそう怒りを強めるだろう。そして、コロナ問題の矛先を、世界保健機関（ＷＨＯ）の対応にも向けている。「米国は多くの資金を出しているが、ＷＨＯは中国を擁護《ようご》している」と明確に批判し、さらにＷＨＯの中国に対する「忖度《そんたく》」がパンデミックにつながったと批判している。

確かに、WHOのテドロス事務局長は当初、「パンデミックにはならない」「中国の対応には問題ない」などと強調していた。しかし、それが大きな間違いだったことは事実が証明している。とはいえ、テドロス氏を責めるのも、トランプ大統領の焦りの証左であろう。WHOへの各国の拠出額についても論難している。2017年の国別のWHOへの拠出額は、米国が24％であるのに対し、中国はわずか2％である。国内総生産（GDP）などの規模からすれば、あまりに差がある。トランプ大統領が怒るのも当然であろう。

そして5月29日、トランプ大統領はWHO脱退の意向を表明するに至ったのである。

しかし世界的には、米国の態度はあまり賛同を得られていない。

米国がWHOへの資金拠出を停止した際、EUのボレル外交安全保障上級代表（外相）は、米国の決定に対し、「深く遺憾《いかん》に思う」と言明した。また、ドイツのマース外相は「他者を非難しても助けにはならない。ウイルスに国境はない」としている。フランスのヌディアイ政府報道官も遺憾の意を表明し、英国はトランプ氏を批判こそしなかったものの、米国には追従しない姿勢を示している。

また、ロシアのリャプコフ外務次官は、米国の態度について、「パンデミックにより、いま世界で起きていることに対する米当局のきわめて利己的なアプローチを示している」と一蹴した。敵対しているイランのザリフ外相は、「世界は、イランがずっと以前から理解し、経験してきたことを学ぼうとしている。米政権の脅迫《きょうはく》的・威嚇《いかく》的かつ虚栄心《きょえいしん》の強いたわごとは、単に依存症であるだけではなく、人々を殺している」と断じている。

このように、WHO問題については米国への批判がほとんどであり、むしろ中国が世界的に擁護されているかのようである。

これらは、中国が世界的に評価されつつあることの裏返しである可能性がある。そのうえ中国政府は、新型コロナウイルス対策と途上国の医療体制支援のため、WHOに追加で3000万ドルを寄付すると発表した。さらに、各国へ医療器具を送るなど、世界的な貢献をアピールしている。このような対応は、米国が最も気に入らない行為である。

中国政府が指摘するように、欧米は新型コロナウイルスに対する警戒が甘かったといえる。しかし、それはWHOが「緊急事態宣言」をなかなか出さず、警戒しすぎるなとしたことも背景にある。その結果、中国との経済的な結び付きの強い国は批判を恐れて、中国からの入国制限をなかなか発動できず、韓国やイタリア、イランなどでは2月中旬以降、感染者が激増したとみられている。

WHOは、中国での感染拡大が終息に向かい始めた3月11日になって、ようやく「パンデミック宣言」を出している。その後に「パンデミックの中心は欧州だ」としたのである。新型コロナウイルスの世界的拡散の推移を追っていけば、中国とWHOに重大な責任があるといえるのだが、両者ともそれを認めない姿勢を変えていない。

中国に取り込まれる国々

中国は世界覇権を狙《ねら》ってか、さまざまな国の弱みに付け込んで、懐《ふところ》に入り込もうとしている。たとえば、東欧のセルビアはEU加盟国から国境を閉ざされたことで、医療用品が入ってこなくなった。

セルビアはEU加盟を目指していたが、現時点できわめて厳しい状況に追い込まれている。このため、同国のブチッチ大統領は3月の緊急声明で「私の個人的なすべての希望は中国と国家主席に向けられている」と発言している。欧州でも、新型コロナウイルスの感染拡大の対処において、EUの存在がEU加盟国に大きなメリットがあったとする向きはほとんどなく、その存在意義が問われる事態になっている。

一方中国は、新たな友好国を獲得し、さらに国際的な影響力を拡大するため、さまざまな欧州の国々にアプローチしている。特に感染拡大の被害が大きいイタリア、フランス、スペインなどには医療用品の輸出だけでなく、専門家の派遣も行うなど、手厚いサポートを行っている。これもすべて、将来の取り込み作戦の一環である。弱っているところに付け込むことを得意とする外交戦略を、自身が作り出した混乱の最中に繰り出すとは「したたかである」としか表現のしようがない。

しかし、国際社会とはそのようなものだ。むしろ中国の交渉術は、私たちが考える以上にレベルの高いものであると受け止めるべきだ。米国は「我々が一番」と考える癖が付いているが、それはいまや正しくない論理になりつつある。

事実、これから世界的に広がる次世代通信規格（5G）は、中国が先端を走っている。米国が中国の台頭を許したことで、ハイテク分野での出遅れはさらに大きくなっている。

よくいわれることだが、米国は米国内の原材料でスマートフォンを作ることができない。原材料も部品も組み立ても中国頼みである。この構図ができあがるのを許したことが、現在の米国の衰退と中国の台頭に表れているといってもよいだろう。

また、中国には「レアメタル」という最大の武器がある。レアメタルは希少金属のことで、携帯電話などの部品の原材料になるきわめて重要なものである。これがないと、多くのハイテク製品を製造することができない。

以前、中国はレアメタルを利用して各国に揺《ゆ》さぶりをかけることがあったが、このようなことができるのも、重要な原材料と高いハイテク技術を保有しているからである。コモディティを制する者が世界を制するのである。

真の中国の時代へ

中国は習近平国家主席の時代になって以降、急激な経済発展・軍事力の拡大を実現し、ますます自信を深めている。中国の権威主義体制を、欧米型の民主主義に代わる「世界の政治体制のモデル」として世界に普及する戦略を進めているようにも見える。

新型コロナウイルスの一連の出来事を総括すれば、今後全世界が中国に対して、被害の拡大を封じなかった責任を問い、賠償を求める動きが出るだろう。しかし、中国がそれにまともに応えることはない。

このような中国と縁を切りたいと考える国が出てきてもおかしくないが、前述の通り、それも簡単ではない。サプライチェーンの崩壊リスクを考慮すれば、中国を生産拠点の中心としていた企業は、少なくともこれまでの生産体制を見直したいと考えるだろう。しかし、中国という巨大な消費市場も捨てがたい。その判断はきわめて難しいものにならざるを得ない。

中国の近年の動きを見ていると、米国が脅威を抱くのは当然であり、さらに言えば、ある面で国力はすでに米国を上回りつつあるようにも見える。

新型コロナウイルスの影響で経済が止まった2020年2月の経済指標は大きく悪化したが、中国は3月にはすでに持ち直し始め、4月も回復傾向が鮮明になっている。経済活動の根幹となるコモディティの輸入量も増加し、原油輸入量も急増した。また、非鉄金属の生産量も増加するなど、供給サイドの回復には目を見張るものがある。回復スピードは明らかに米国を上回っているのである。

コモディティを通して実体経済の動きを見ると、このように中国経済の懐の深さが見えてくるのである。

壊れゆくロシア

プーチン大統領は2020年5月7日に、就任から20年を迎えた。

1月の年次教書演説では、権力機構の改革を柱とする憲法改正案を提案し、2024年に控える次期大統領選をにらんで体制移行に動き出した。さらに、改正案にみずからの再選を可能にする条項も盛り込み、最大2036年までの続投に選択肢を残した。

これまでもプーチン大統領はあの手この手を使いながら、自身が長期間にわたり大統領職にとどまることができるように仕向けてきた。そして2020年は、さらにその期間を延長させるための方策を仕掛ける予定だった。

憲法改正や対独戦勝75年記念式典で求心力の向上を狙ったものの、新型コロナウイルスの感染拡大により大きな誤算が生じた。歴史的な原油安も加わり、国内経済は大きな打撃を受けた。長期統治を目論むプーチン大統領にとって思わぬ試練である。

４月に予定していた改憲案の是非を問う全国投票は先送りとなり、５月９日に外国首脳を集めて挙行を計画していた対独戦勝75年記念式典も延期に追い込まれた。これを国威発揚につなげようとする思惑は完全に外れてしまったのである。

ロシアの復活祭にあたる４月19日、プーチン大統領は「状況は完全にコントロールされている。脅威の前で社会が団結している」と新型コロナウイルス対策で外出制限が続く国民にメッセージを送っていた。しかし、結果的にこの発言がプーチン大統領の立場を危うくすることになった。

ロシアの感染者数は中国やイランを上回り、４月30日には10万人、６月30日には64万人を突破している。

３月末から続く外出制限と主要な輸出品である原油の価格低迷で、２０２０年のロシアの実質GDP成長率は5年ぶりにマイナスに転じる見通しとなった。

ただし、それまでもずっと順風満帆《じゅんぷうまんぱん》であったわけではなく、2013年以降は停滞もあった。2008年にはジョージア（旧グルジア）に侵攻し、2014年にはウクライナ南部クリミア半島を一方的に併合するなど、軍事力も駆使《くし》しながら親欧州路線を取る旧ソ連諸国に強硬な姿勢をとり、国内支持率を維持していたのである。


プーチン大統領の思惑とは裏腹に、国際社会での立場は徐々に弱まり、欧米の対ロ制裁は厳しくなっている。国民の支持率も低下傾向にある。独立系調査機関が2020年3月に実施した世論調査では、2024年以降のプーチン氏の続投を「望む」が46％、「望まない」が40％となり、拮抗《きっこう》している。

現在は通貨ルーブルも下落が続いており、コロナ禍《か》による生活難への不満が膨《ふく》らめば、政権が目指す圧倒的な賛成多数での改憲成立に対し、反対票が増加するであろうし、一方で、後継者問題の先行きはまったく見通せない。プーチン体制の継続に暗雲が垂れ込めつつある。

それにしても、2019年は「ロシアの年」といってもよいほどの状況だったのである。ロシアの株式市場は絶好調であり、生産量が豊富なニッケル価格が急騰する一方、世界最大の産出量を誇るパラジウムの価格が史上最高値を更新するなど、「ロシア関連銘柄」が軒並み上昇した。

また、原油相場も50ドル台後半から60ドル台前半で推移するなど堅調だったことも、ロシアの収入増加につながった。２０１９年のドル建てロシア株指数は45％も上昇し、世界の主要市場の中でもトップレベルのパフォーマンスだったのである。

この勢いは２０２０年初めも続き、１月19日には年初来高値の１６４６ポイントを付けた。これは、２０１６年１月の直近最安値６２９ポイントから2・6倍の水準だった。

そんな中で直撃したのが今回の新型コロナウイルスであった。半年でロシアを取り巻く状況はまったく変わってしまった。

プーチンの誤算

感染が世界的に拡大し、世界経済への影響が心配されるようになると、資源・エネルギー輸出国であるロシアにもたちまちネガティブな影響が確認されるようになった。

株価が急落する一方、2020年3月初めにはOPEC（石油輸出国機構）とロシアなどOPEC非加盟の主要産油国との枠組みである「OPECプラス」における減産合意が物別れに終わり、原油価格が急落した。

ウイルスの感染拡大懸念から、日米欧の主要株式市場が急落すると、原油・エネルギー関連銘柄の比重が大きいロシアの代表的な株価指数であるRTS指数は高値から半値の水準に落ち込んだ。

なかでもプーチン大統領にとって最大の誤算は、原油価格の下落であろう。

3月初めにOPECプラスで減産に合意できなかったため、原油価格は暴落を続けた。新型コロナウイルスの影響で原油需要が減少することを脇に置き、ロシアとサウジアラビアはこの機会を狙って米国のシェールオイル企業に圧力を加えようとしたことは間違いない。だがその結果、石油市場で需給バランスが崩れ、供給過剰感が強まるとの見通しが大勢を占めるようになり、原油価格は大暴落してしまった。世界の石油需要の減少は想定を超え、石油の荷余り感が懸念されたのである。

石油需要の減少懸念は世界経済の後退を示唆《しさ》するとの思惑も働き、グローバルな株式市場が下落したことから、投資家は相対的にリスクが高いと思われる資産を売り始めた。こうなると、ロシア株式市場は真っ先に売られることになる。合理的な理由がない中で、ロシア株式市場の下落率は他国より大きいものになっていった。

ロシアの株式市場に入っているマネーは、いわゆる「ホットマネー」であり、外資系のヘッジファンドやファミリーオフィスなどの投資資金が中心だ。ロシア経済に紐《ひも》付いている資金ではない。「この市場はダメ」と判断すれば、いとも簡単に出ていく。そのため、ロシアの株式市場は変動率が高くなりやすいといえる。

ちなみに、ロシアの株式市場における国内投資信託の割合はほぼゼロで、年金基金の割合は5％以下だといわれる。個人投資家を加えても、ロシア国内投資の割合は20％程度と見られており、8割が外資系投資家のようである。このような構図もあり、ロシアの株価は変動しやすい素地がある。

また、ロシアの経済や株価は世界情勢に影響を受けやすく、1998年の市場暴落、2008年の世界金融危機、さらにウクライナ危機、ルーブル切り下げが起きた2015年など、おおおむね8年から10年のサイクルで大きな出来事の影響を受けている。そして、今回は新型コロナウイルスの感染拡大と、それに伴う株安・原油安・ルーブル安に直面した。

2008年のときと同様に、安いルーブルはロシアの企業に輸入代替などのメリットをもたらす可能性があるものの、全体的にはデメリットのほうが多いだろう。

また、一連の動きがインフレ率を高めるという問題もある。原油価格が暴落する以前、プーチン大統領は「原油価格は45ドルでもよい」という発言を繰り返していた。その背景には、ルーブル安があった。ルーブル安の状態であれば、ドル建てで取引される原油価格が多少下げても、ルーブル建ての手取り収入はそれほど減らないからである。

プーチン大統領は、原油価格が史上最高値を付けた2008年ごろのルーブル建て原油価格の水準を目安にして、ルーブル安も考慮したうえで、必要と考える原油価格について言及していた。だが、その原油価格が想定を大きく下回る水準にまで低下したことで、目算は完全に狂ってしまった。

1998年のロシア危機では株価は20分の1になり、2008年のリーマン・ショックの際は5分の1になったことに比べれば、今回の下落はまだ「たいしたことはない」と考えることもできる。また安いルーブルは、ロシアで製造して海外に製品を売る輸出関連企業にはとてもよいといえるが、それだけでロシア経済が維持できるわけがない。

ロシア経済の命綱である原油価格が、過去20年で最低水準に落ち込み、ロシアの石油・天然ガス収入を著《いちじる》しく低下させている事態には予断を許さないものがある。

ロシア政府は金・外貨準備として5500億ドル超を確保しており、財務省は油価の低迷が長引いても乗り切れるとしている。プーチン大統領はこれまで国家権力を梃に野党の抑え込みに成功しているものの、今後は大幅な財政赤字が問題になるだろう。金や外貨準備から多額の費用を拠出する必要に迫られることになり、結果的に国力の低下につながることになり得る。必然的にプーチン大統領の権力基盤にも影響は必至であろう。

ここでもコモディティが絡《から》んでいる。コモディティの動きを見ていれば、ロシアの情勢の先行きが見えてくるのである。

高まる金の魅力

中国やロシアなどの新興国は、常にリスクにさらされている。それはいまに始まった話ではない。中国は経済的に力を持ち始めているが、これまでも欧米などの先進国には辛酸《しんさん》を嘗《な》めさせられてきた歴史があり、国際金融市場を信用していない。

中国はここ数年の経済成長のひずみが顕著になりつつあり、ロシアは資源価格に振り回される経済構造が是正されていない。このような不安定さを抱えながら、欧米各国と経済的な交渉を行う際に重要になってくるのが「自国通貨の価値」である。国際金融市場では、中国人民元もロシアルーブルも普通に取引はできるが、欧米の主要通貨ほどの信用力はない。

そのことを誰よりも理解しているのは、ほかならぬ中国とロシア自身である。そのため、通貨の代替となる「金《ゴールド》」の価値を非常に高く見ているといえる。

金には国籍がなく、どこでも同じ価格で換金できることから、これまでも現金の代替先として扱われることが少なくなかった。所有者にとって、金には保有していることに対する「秘匿《ひとく》性」があり、資産保全において安心感を得ることができるという大きなメリットがある。また、換金性が高いため、いつどこでも現金化が可能である。さらに、誰の負債でもないという決定的な安心感がある。だからこそ、金は資産家や富裕層に人気がある。

この点は各国の政府・中銀にとっても同じであり、金はきわめて魅力的な資産として認識されている。そのため、近年これらの公的機関は着実に金保有高を増やしている。その中でも特に動きが目立っていたのが、中国とロシアなのである。

金の国際調査機関であるワールド・ゴールド・カウンシル（WGC）によると、2019年末時点のロシアの金保有高は前年比158トン増の2271トンとなっている。また、中国は同95トン増の1948トンとなっており、世界の公的機関の中でそれぞれ6位と7位に位置付けられている。このほかに、金保有高を増やした国としては、保有高10位のインドが34トン増の633トン、14位のトルコは159トン増の412トン、15位のカザフスタンは35トン増の385トン、23位のポーランドは100トン増の228トンと、それぞれ着実に金の保有を積み増している。

2019年の金価格は平均で前年比9・8％上昇したが、それでもロシアと中国は金保有高を増やしている。それだけ、金を保有したい理由があったものと考えられる。

並行して、両国は米国債の保有を減らしているが、この行為は米国との金融面の関係を断ち切ろうとしているように見える。

米国から厳しい制裁を受ける両国が、基軸通貨であるドルを発行できる米国と距離を置こうとするのは当然であろう。

米国債保有残高で世界2位の中国は、米国との貿易摩擦の激化に伴い徐々に保有高を減らしている。ロシアは2014年のウクライナ危機を受けた制裁の発動開始から米国債の保有を徐々に減らし、2018年には保有する米国債を8割以上減らしたともいわれている。

中国は米国から関税による制裁を受けており、ロシアは直接的に経済制裁を受けている。とりわけロシアは、2016年の米大統領選挙への介入疑惑を理由に、米国内のロシアの財閥経営者や企業の資産凍結や取引禁止などの厳しい制裁を科されている。その結果、自国通貨のルーブルが大きく下落した。政治不安があるとルーブルはきわめて脆弱《ぜいじゃく》である。

いずれにせよ両国とも、米国のやり方を苦々しく思っていることだけは確かだ。

また、米国からはきな臭い情報も上がってきている。それは、中国の透明性を欠く新型コロナウイルス対応に反発し、トランプ政権が中国の保有する米国債の一部を帳消しにするというものである。

だが、4月30日、米国家経済会議（NEC）のカドロー委員長はこの報道を全面的に否定し、「事実無根」と言明した。カドロー氏は「米債務への十分な信頼と信用は神聖だ」と強調し、「ドルを世界の準備通貨として維持するコミットメントも同様だ」とした。

火のないところに煙は立たないともいわれる。何かしらのリークがあった可能性も否定できない。つまり、中国に対する間接的な警告の意味合いで、トランプ政権内部の誰かが観測気球を上げた可能性である。

このような発言は、脅《おど》しに使うのはよいが、実行すれば米国の信用は失墜《しっつい》し、金利が急騰する可能性がある。そうなれば、すべてが水の泡になる。金利が上昇してドルが下落するという、最悪の事態に陥《おちい》りかねない。

十分な注意が必要だが、トランプ大統領はまったくわかっていないようだ。脇が甘いというか、そもそもの認識が甘すぎるのである。

トランプ大統領は自身を「ディールメーカー」などと呼んでいるが、はたしてそこまでの交渉上手であろうか。これまでの米国の威厳を利用しているだけにしか見えない。しかし、その威厳も中国の前に陰《かげ》り始めているのである。

金市場でうごめく中国とロシア

現在、世界最大の金生産国は中国である。これは意外に知られていないようだ。

中国政府は、国内で生産された金を国外に出すことなく、国内向けに消費する一方、国家の資産として海外から金を買い入れている。つまり、中国国内で生産される金は、基本的に表に出てこないことになる。

また、中国は世界一の金消費国でもある。2019年の消費量は848トンと、2018年の994トンから急減したが、これは金価格の高騰が背景にあるものと思われる。それでも世界一の消費国の座は明け渡していない。中国と金は切っても切れない関係なのである。

ちなみに、世界第2位はインドの690トンである。ロシアは47トンで、米国は151トン、ドイツが99トンだ。日本は3トンの売り越しだった。日本の場合は、価格が上昇すると売りが出てくる。いわゆる「逆張り」の発想である。したがって、金価格が大きく下がると買いが入ってくる。

一方、2020年第1四半期の金需要だが、中国は前年同期比60トン減、インドも36トン減と低迷した。ロシアも8トン減である。同様に、米国も21トン、ドイツも52トン減少している。また、日本は3トンも売っており、金価格の上昇でやはり売り姿勢が強まっている。

一方、中国とともに金購入を増やしてきたロシアだが、金準備が年々増加している。ロシアといえば、国際社会において不透明な部分が多く、また、さまざまな政治的な事件に関与していると見られている。

2018年には、英国で起きたロシア元情報機関員の暗殺未遂事件にロシア政府が関与していた疑いがかけられている。米国はロシアが化学兵器を使用したと断定し、ロシアに対する経済制裁を発動している。以前から、ロシア外交官を国外追放し、ロシアの個人や企業を対象に制裁を発動するなどしていたが、さらにその対象を貿易にまで広げているのだ。

このようなロシアの政治事件は、コモディティ市場でも見られる。石油会社の社長が投獄されたり、資産を没収されたりしているのだ。反プーチンの姿勢を示した経営者はすべて牢獄行きである。昔の小説のストーリーのようなことが、いまだに起きているのがロシアの不気味さである。

また、担当者が頻繁に変わることがある。何かあったのだろうと思わざるを得ない。私も非鉄金属のトレーダーだった時代に、そのような経験を何度かしている。本当に不気味な国である。

だが、さすがのロシアも、2020年に入ってからの自国通貨ルーブルの下落がボディブローのように効いてきている。新型コロナウイルスの発生で原油価格が低迷し、ルーブル安の状態が続けば、ロシアの購買力も低下することになる。これは国内でのインフレを招きかねず、そうなればみずからの政治生命の延長を目論むプーチン大統領にとって、きわめて不都合なことになる。

国民から批判を受けて大統領職を降りるようなことは、これまでのプーチン大統領の政治手法からすればあり得ないことである。その意味でも、さらに金の保有を増やすことで、自国の資産を守ろうと考えるのは至極当然のことだ。ロシアとコモディティは切っても切れない関係にある。

ロシアは米国債を8割以上減らしたとみられると述べたが、売却の理由として、外貨準備の多様化を挙げている。しかしその背景には、米国との対決姿勢を強める前に、金融的なつながりを遮断しておきたいという明確な理由があったように見える。

ちなみにロシアは中国、豪州に次いで世界第3位の金生産国でもある。国内生産は順調であり、これらも金保有高の増加につながっていると思われる。そして、ロシア国内での生産量の大半が中銀によって保有されているようである。

国際社会でのロシアの企《くわだ》てや、それに対する欧米の圧力などを考慮すれば、百戦錬磨《ひゃくせんれんま》のプーチン大統領が備えを怠《おこた》ることはないだろう。ルーブルが米ドルに対して不安定な動きをし、米国の思惑に翻弄《ほんろう》されないようにするためにも、ロシアは金を保有しておく必要があるといえる。

金購入停止ショック

新型コロナウイルスで世界が混乱する中、衝撃的な報道が流れてきた。ロシア中央銀行は3月30日、金の購入を4月1日から停止すると発表したのである。公式な理由や期間は明らかになっていないが、金需給の視点では大きな意味がある。

２０１９年の金需給を振り返ると、総需要４７７６・１トンの13・６％に相当する６５０・３トンが各国の中央銀行など公的部門による購入で占められた。ロシアはその24・３％に相当する１５８・１トンを購入している。つまり、総需要の３・３％をロシアが占めたのである。

２０２０年も、ロシアは１～2月には19トンを購入していた模様で、２０１９年実績には届かないものの、年間１００トンを超える金購入が想定されていた。しかし、新型コロナウイルスが発生し、原油相場の暴落、ロシア通貨ルーブルの急落が起きた。この事態に慌てたロシア中央銀行は3月10日、金融市場のボラティリティを低減させるため、外貨売却の開始を発表。実際、3月下旬にロシアの外貨準備高は大きく減少している。

このような状況で、従来の方針通りに金購入を続ければ、高い購入コストをかけて、外貨準備を減らしてまで金を購入することになる。また、外貨準備に占める金の比率が必要以上に高まることになり、外貨準備のポートフォリオのバランスが金に偏《かたよ》ることにもなる。原油安の影響は、ロシアの金購入方針にも大きな影響を与えているのである。

今後もルーブル安が続き、ロシアが金購入を停止し続けると、年間で１００トン近い金購入が消滅することになる。さらに原油安が進み、国家収入の減少が著しくなれば、金購入を減らすどころか、金準備を売却する可能性も浮上するだろう。

ロシアは２０１９年末に、外貨準備の20％に相当する２２７１トンを金準備として保有しているが、この比率は２０１８年末では19％だった。将来的にはこの比率を上げようとしていたと考えられる。だが、外貨準備が増えないようだと金準備の取り崩しが加速する可能性もある。無論、ロシアの金購入方針が大きく変わることもあり得る。

また、ロシア政府は金生産者による金輸出に対して、１回限りの認可を付与する方式を改め、無期限の認可を与えることを決めた。既存の取引網での需要が新型コロナウイルスによって打撃を受けたため、業者が独力で外国へ輸出できるようにして支援することにしたのである。

ロシアの銀行各行も、中央銀行が市中銀行からの金購入を一時停止すると決定したことを受け、国内需要が抑制されているとしている。ロシアの２０１９年の産金量は３１４トンだが、昨年の国内金消費量はわずか47トン程度であり、相応の量の金が輸出される可能性がある。生産者に金輸出の無期限の認可をしなければならないほど、ロシアの外貨獲得が難しくなっている。この点は金需給や金価格に少なからず影響を与えるかもしれない。

外貨準備から金保有へ

ロシアの外貨準備に占める金の割合は、２０１９年末で20％だが、中国にいたってはわずか３％である。ちなみに、ドイツは73％、イタリアは68％、フランスは63％と、きわめて高い比率である。

中国が外貨準備に占める金保有高を欧州の主要国並みの比率に引き上げようとすれば、相当量の金を購入する必要がある。この議論は金市場ではよく行われていることである。資産保全のために、そして自国通貨の弱さを補塡するために、今後も金購入を継続するだろう。
この行為は、直接・間接的に金市場に効いてくることになる。そして、購入された金が市場に出回ることはまずない。つまり、金需給は着実に引き締まり、金価格はこれまで以上に下がりづらくなる。

中国とロシアという米国に抗する軍事大国は、中長期的に見て、今後ますます米国との対決姿勢を強めることになるだろう。いまはそれぞれが自制しながら、絶妙のバランスをもって大人の付き合いをしているが、爪を研《と》ぎ、チャンスをうかがっている。その一方で両国は自国の資産・財産の保全も忘れてはいない。

世界大戦で勝利し、ドルを世界の基軸通貨にすることに成功したことで、世界の経済・金融を自在に操ることができるようになった米国の策略は見事というしかない。現時点において、この米国の企てに対抗して勝利した国はひとつもない。
今後、歴史を変えるような国がはたして出てくるだろうか。中国とロシアはその筆頭候補である。

現状でこの2国を分析する限り、ロシアは中国の後塵《こうじん》を拝《はい》しているように見える。そして、中国には米国に挑む資格が十分にあるだろう。中国はそのための準備を着々と進めようとしている。

準備を進めるあいだに、米国の思惑でドルを自由自在に動かされることで自国通貨が思わぬ方向に動けば、中国にとってきわめて厄介な状況になる。このような事態を避けるためにも、世界で共通の価値を持つ金を保有しておくことは、中国の国家戦略上、きわめて重要な意味を持つのである。

金は接収される

ベネズエラ中央銀行のオルテガ総裁は2020年5月27日、新型コロナウイルスの感染拡大に見舞われる中、イングランド銀行（BOE）が保管しているベネズエラの金準備の一部を食料と医薬品の購入向けに使用することで、国連開発計画（UNDP）と合意したと明らかにした。

実は、ベネズエラ中銀はBOEに対し、金準備31トンの一部を引き渡すよう求める訴訟を起こしている。というのも、英国はベネズエラのマドゥロ大統領を、２０１８年の大統領選で不正を行い再選を果たしたとして承認していない。そのためＢＯＥは、２０１８年以降、同国から預かった金準備31トンの政権への引き渡しを見合わせているのである。

ＢＯＥは多数の発展途上国に対し、金を預かって管理するサービスを提供している。一方、米国の対ベネズエラ制裁により、マドゥロ政権にとって金資産の売却は資金を調達する数少ない選択肢のひとつとなっている。

このような事例から、今後金の価値がさらに高まると、国や個人が保有する金が、米国や英国などに接収されるといった事態が起きる可能性がある。

原油に関しては、ベネズエラが外資規制を発動し、海外の石油会社が保有する石油権益を接収するといったことが実際に起きている。

国がこのような発令をすれば、所有者はあきらめるしかない。金や原油などのコモディティは重要な資源であり、かつ資産でもある。だからこそ、国が管理したくなるのである。

コモディティを通して世界を見ると、世界情勢がよく見えてくる一例である。

原油価格の暴落が意味すること

また、原油についても言及しておきたい。

新型コロナウイルスの感染拡大により世界的に経済活動が停止したことで、4月の先物市場において原油がマイナス価格で取引された。これは歴史上初めての事態であった。

原油価格の歴史を振り返ると、1980年代は1バレル＝10ドル前後で取引されていた。1990年代も10ドル台から20ドル前後が中心的なレンジだった。2000年のハイテクバブルの崩壊で米国が景気後退に陥ったが、立て直しのために当時のグリーンスパンFRB議長が4％もの利下げを行ったことで株価が持ち直し始め、それに追随する形で原油価格も上昇し始めた。2003年のことである。

当時私は、「原油価格は2004年に40ドルを超える」と予測し、公表した。「時代が変わる」「世界の石油需給が逼迫《ひっぱく》する」との見立てであった。

この予測がロイターやブルームバーグ、ウォール・ストリート・ジャーナル、AFP通信などの世界のメディアに取り上げられるや、私は世界の金融市場から注目されることになった。

その当時、原油価格が40ドルを超えるなど、マーケットからすれば「突拍子もないこと」だったからである。

だがその後、WTI原油価格は実際に40ドルを超え、私の予測は見事に的中した。市場関係者は驚き、私への取材が急増したのである。

その中のひとつに、テレビ東京の「ワールドビジネスサテライト」があった。当時の日本には、コモディティ市場の分析を行っている専門家がいなかったこともあり、結果的に3回番組に出演することになった。

同年夏に受けた取材では、「原油価格は2004年10月には55ドルに達する」とかなり具体的な数値を示した。当時のキャスターの小谷真生子《こたにまおこ》氏は、「こんなに高くなるようですよ」と驚いた顔をし、コメンテーターとして出演していた、当時野村證券のエコノミストで、のちに日銀審議委員となった木内登英《きうちたかひで》氏は「そんなに上がるのか」とコメントしていたことを記憶している。

実際にその年の原油価格の高値は、10月に付けた55・57ドルだった。メディアからは「原油価格を世界で最も的確に予測したストラテジスト」として評価された。

その後も私は、原油相場に強気なコメントを出し続け、「北京五輪を迎える２００８年に１５０ドルまで上昇する」との予測を出した。結果は１４７ドルが最高値でわずかに届かなかったが、ほぼ見通し通りだったといっていいだろう。とはいえ、需給面から冷静に見れば明らかに高すぎだった。

当時私は、ケイマン籍のコモディティ・マクロファンドのチーフファンドマネジャーをしていた。ストラテジストをしながら、コモディティ市場でヘッジファンドを運用する業務を行っていたのである。私は「原油相場はピークに達した」と判断し、原油をそれまでのロングから思い切りショートに転換し、大きなリターンを上げることに成功した。

２００８年といえば、リーマン・ショックが発生した年であり、多くのヘッジファンドが巨額の損失を出していた。その一方で、私が運用するファンドは年率18％のリターンを確保した。

その後、原油価格はどんどん下落し、２００８年末には32ドルまで下げた。金融危機も相俟《あいま》って世界経済が大きく棄損し、石油需給の実態との乖離《かいり》があまりに大きくなったことでどんどん売られてしまったのである。バブルが崩壊すると、このような暴落になることを、現場で体感することになった。

結局は投資資金が流入しすぎて、本来の価値から逸脱したことが、その後の原油の暴落につながったといえる。バブルが破裂する構造はいつの時代も同じである。

原油マイナス価格の衝撃

原油相場では、その後も大幅な下落が頻発している。たとえば、２０１８年10月から翌年の1月にかけて、１００ドル台から26ドルまで下落したことがある。当時の生産コストから見れば、きわめて安い水準にまで売られたが、このときも原油市場は投資マネーに翻弄されている。

今回のコロナ危機でも原油相場は大きく下落したが、背景は同じである。違うのは価格がマイナスになったことだ。

これには少し説明が必要だろう。４月に起きた原油価格のマイナス水準での取引は、原油関連の金融商品やＥＴＦ（これらを総称して「ファンド」と呼ぶ）の決済に伴う売りが直接的な原因である。原油関連の金融商品を運用する運用会社は、投資家の資金の出し入れに対して、先物市場でヘッジを行う。投資家が買い付けを行った場合、同じ金額を先物市場で買い、解約が出た場合には、その分だけ先物の買いを手仕舞いするのである。

WTI原油の価格に連動するファンドの場合には、WTI原油の期近限月《きぢかげんげつ》（取引の決済期限が近いもの）の価格変動に連動するように運用するので、運用者は先物のポジションも期近限月で保有するのが一般的である。

今回のケースでは、運用者は4月中、5月限で買いポジションを持っていた。その後、原油価格が40ドルを下回ったあたりから、建玉《たてぎょく》（ポジション）が増え始めた。投資家や先物市場で取引する投機筋などが、40ドル割れで買いを積み上げたのである。

これは、当時のシェールオイル企業のコストが一般的に40ドル程度であり、これを下回ることはないとの見方が背景にあったものと思われる。そのため、原油価格は40ドル以下では割安と判断した投資家・投機家が買いを増やし始めた。原油連動の投資信託に大量の資金が流入し、買いが増えていくにつれて、運用者はそれに合わせて5月限で買いポジションを積み上げていったのである。

ＷＴＩ原油先物取引は限月制で取引され、各限月には最終取引日が設定されている。５月限の最終取引日は４月21日だった。最終取引日に買いポジションを持っている市場参加者は、先物市場で建てているポジションを反対売買して決済するか、あるいは建てているポジションの金額を支払い、現物を引き取るかの二者択一を迫られることになる。無論、投資家や投機家は現物を引き取るわけにはいかないため、普通は最終取引日前に反対売買にて決済を行う。

その際に、投資家や投機家は買いポジションを維持したいときがある。たとえば価格が今後上昇すると考え、手仕舞い売りをしたくない場合である。

今回のケースでは５月限を手仕舞い売りし、同時に６月限を買うことでポジションを維持することになる。このように、手仕舞い売りと新規買いを同時に行う作業を「ロールオーバー」という。積み上がった５月限のポジションは、その大半が投資家や投機家のポジションだった。何かしらの方法で４月21日までに決済する必要があったが、それは現物を引き取ることができないからである。

多くの投資家・投機家は、原油価格が安いと判断したため購入しており、ポジションを維持しようと考えるだろう。実際のところ、原油連動の投信の買い手も同じ考えだった。しかし、投信の買い手はポジションを維持するとしても、先物市場でそのポジションをカバーしている運用者は、5月限のポジションを6月限に乗り換える必要があった。そのため、5月限を売り始めたのだが、ここに売り圧力がかかり、最終取引日の4月21日に向かって5月限を手仕舞いすることで、さらに売り圧力は強まった。

一連の動きが価格下落に拍車をかけ、結果的にマイナス価格になった時点で取引が成立してしまった、というのが今回の原油マイナス価格の真相である。

マスコミが頻繁に解説していた、「マイナス価格でも現物を引き取ってほしい業者がいたのでマイナス価格で取引された」などということはあり得ない。現物には価値があるため、本来価格がマイナスになるということはない。

事実、同じように国際的に取引されている、ICE（インターコンチネンタル取引所）に上場されているブレント原油先物は、マイナス価格では取引されていない。ブレント原油は国際石油市場のベンチマークになっているが、こちらのほうが世界の石油需給を正しく反映していたといえるだろう。また、中東産原油の指標であるドバイ原油の価格もマイナスにはなっていなかった。

つまり、原油価格がマイナスで取引されたという事象は、ＷＴＩ原油先物市場での特殊な事情で起きただけなのである。原油が金融商品化しているかどうかがポイントであって、金融商品化された原油は、あふれかえった資金の一部を利用して買われた。コモディティ市場の現物取引の経験のないマスコミや金融関係者が解説したように、「安くてもいいから現物を売りたい」というわけではないのだ。

このような事実を振り返ると、今回のマイナス価格取引の問題は、ＷＴＩ原油が上場されているニューヨーク・マーカンタイル取引所（ＮＹＭＥＸ）の契約設計の問題であることがわかるだろう。マイナス価格で取引することが前提になっていなかったのだが、現実としてはマイナス価格でも取引が成立してしまったのである。

そのため、中国の個人投資家は損失を被《こうむ》り、訴訟問題になっている。

米商品先物取引委員会（ＣＦＴＣ）は5月13日、取引所やブローカーに対して、商品市場のボラティリティ拡大や、一部の先物がマイナス価格に陥る事態に備えた態勢を整備する必要があると警告している。

今回の件で、多くのファンドやブローカーが損失を被ったようである。ＥＴＦを含むファンドは、それ以降は期近でのポジションの保有を減らし、ブローカーも顧客に期落ち日が近い限月の新規ポジション構築を認めないようにするなど対策を講じている。今回の事態を受けて、運用者サイドもポジションの調整を行い、リスクを回避しているため、今後は同じようなことは起こりづらいだろう。

結局はカネ余りが原因

「事件」が起きた根本的な原因は、投資家が原油に投資をしていたからにほかならない。それも、価格の上昇に賭けるという投機的な投資をしていたからである。

実需を伴わない取引をわざわざする必要があるのかと言われれば身も蓋もないのだが、それも結局のところ、カネ余りが背景にあるといえる。中銀の資金供給を背景に、投資家のマネーがさまざまな投資対象に振り向けられ、原油にも流入したというわけである。

しかし、「安すぎる」といった理由だけで、投資だとして原油を皆で買い下がり、最終的には先物市場の特殊事情も重なって市場を壊す結果になったことは、まさに皮肉としか言いようがない。

私は、このような事態が起きるリスクを、メールマガジンやメディアなどを通じて何度も警告していた。そのコメントを読んだり聞いたりした投資家も少なくないだろう。結果は指摘していた通りとなった。

投資商品の裏側や市場構造を知っていれば、このような場面で投資を進めることはあり得ない。自分で判断する前に、まずプロに聞くべきである。繰り返すが、金融市場関係者はコモディティのプロではない。これだけは明確にしておく必要がある。

原油相場急落の背景として、コロナ危機による経済停滞から原油需要が大きく減退するとの見方があったことは事実であろう。

前述したように、需給バランスの調整を行うために、ＯＰＥＣとＯＰＥＣ非加盟の主要産油国で構成される「ＯＰＥＣプラス」が協調減産の合意に失敗したことや、国際エネルギー機関（ＩＥＡ）が、２０２０年第２四半期の石油需要が日量３０００万バレルも減少するなどの見通しを示したことが、原油相場の暴落につながったという面は否めない。
日量3000万バレルは、OPEC全体の原油生産量に匹敵する規模である。OPECの原油生産がなくなっても、世界は困らない状態にまで石油需要が減少したのだから、原油価格が下がること自体は仕方がなかったといえる。

最終的には、OPECプラスは米国主導で減産に参加する産油国を募り、なんとか減産合意の枠組みを構築した。それでも需給バランスの改善には程遠く、原油相場の回復には時間がかかるだろう。

米シェールオイル企業の生産コストを下回る水準で推移している状況が続いたことで、社債を発行して資金調達を行っていた一部のシェールオイル企業は破綻《はたん》に追い込まれるなど、金融市場にも影響が出た。

一連の動きは、これまでの過剰な石油需要を抑制させ、さらに原油供給を絞《しぼ》るための動きのようにも見える。これまで石油を使いすぎていた、さらに原油供給が多すぎたことを戒《いまし》めるかのような原油価格の暴落に感じられるのである。

今後は、コロナ禍をきっかけに、無駄な石油消費を抑制しようとする動きが強まるだろう。均衡《きんこう》する需給バランスを達成するためには、石油会社が破綻するなどして産油量が減少する必要がある。場合によっては、産油国が破綻してデフォルト（債務不履行）に陥る可能性もあるだろう。そうなると、世界の金融市場は一時的にせよ混乱するかもしれない。しかし、余った原油は生産調整をせざるを得ない。

中東産油国は苦しくなる

原油価格の低迷を受けて、今後、中東産油諸国の財政はますます厳しくなる。サウジアラビアの財政はまさに「火の車」の状態である。原油価格が予算策定時に想定していた60ドルを大きく下回り、政府の歳入の約８割を占める原油売却による収入は半減した。さらに、新型コロナウイルスの影響でメッカ巡礼が禁止され、観光収入が約１２０億ドル減少したことも影響した。

サウジアラビアでも新型コロナウイルスの感染拡大が起きており、感染者数は６月30日現在18万人を超え、中東地域の中でトルコ、イランに次ぐ規模となっている。王族にも感染は広がり、王族専用の病院は満杯になったようである。まさに踏《ふ》んだり蹴《け》ったりの状況に陥っている。

原油収入の減少により、今後も財政赤字が拡大すると見られているが、財政赤字の対GDP比率は10％を超え、3月末の外貨準備高は4640億ドルと、2000年以来の低水準となっている。外貨準備はこの数年間、財政収支の5年分とされているが、それもいつ枯渇《こかつ》するかわからない。足りなくなれば、石油権益や保有する株式の売却を進めるかもしれない。そうなれば金融市場は大混乱である。

財政改革に当てがなくなったことで、サウジアラビアのジャドアーン財務相は5月11日、日本の消費税にあたる付加価値税を、7月から現行の5％の3倍になる15％に引き上げると発表している。さらに、2018年の付加価値税導入時から実施されてきた物価上昇の影響を緩和するための生活費手当の支給も6月から中止するとした。それほどサウジアラビアの財政は厳しいようである。国民が暴動を起こさないか、他人事ながら心配である。

このように、原油安はサウジアラビアに直接的な悪影響を与えている。さらに、ジャドアーン財務相は「ビジョン２０３０関連予算も聖域扱いしない」とするなど、ムハンマド皇太子が肝煎《きもい》りで進めてきた政策さえも安泰ではなくなっている。

また、「第2の予算」的な機能を有している、資産規模３０００億ドル超の政府系ファンド（ＰＩＦ）では、国家の資金不足を補うためリスクの高い投資先を選んで投資し、高いリターンを得ようとしているとの指摘もある。

さらに、ビジョン２０３０の目玉とされ、紅海沿岸で建設が予定されているスマートシティ「ＮＥＯＭ」に反対する地元部族の有力者が、4月15日に暗殺される事件も発生した。サウード王家が国を治める基盤は各地の部族との友好的な関係にあったのだが、この事件を契機に、部族たちの王室への感情が変化する可能性が懸念されている。

サウジアラビア国内には新たな火種がたくさん存在する。今後も継続して注視する必要があるだろう。

対米関係の悪化も懸念材料

サウジアラビアに関しては、対米関係の悪化も懸念されている。

ムハンマド皇太子は、世界の原油需要が急減しているにもかかわらず、ＯＰＥＣプラスでのロシアとの話し合いが決裂したことで開き直り、４月から原油の大増産を行った。これが米国のシェールオイル企業を窮地《きゅうち》に追い込んだとして、トランプ大統領の逆鱗《げきりん》に触れた。トランプ大統領はサウジアラビアの安全を保障できないと発言し、これに危機感を覚えたムハンマド皇太子はすぐに減産路線に回帰した経緯がある。

２０１８年のトルコにおけるサウジアラビア人ジャーナリストの怪死について、ムハンマド皇太子が関与していたとの疑惑から、米国が原油安を誘導し、サウジアラビアに圧力をかけたことがあった。このときのことをムハンマド皇太子は忘れてしまったのだろうか。

いずれにしても、原油価格の長期的な上昇の可能性が大きく低下したため、トランプ政権は石油を外交政策の中心に据《す》える必要がなくなった。このことは、サウジアラビアにとってきわめて痛い。

歴史的経緯を振り返れば、１９４５年2月にルーズベルト大統領とアブドラアジズ国王は、米国がサウジアラビアの安全を保障し、サウジアラビアは米国に石油を安定的に供給するとの取り決めを交わした。その後、米国とサウジアラビアは武器輸出と原油取引、さらに中東の安全保障という枠組みでつながっていた。

しかし、それもいまや崩壊寸前である。原油価格の戻りが鈍いことから、サウジアラビアは6月に追加的な減産を決めざるを得なくなり、収入はますます減少することになる。サウジアラビアはこれまで、高い原油価格を利用して国家を統制してきたが、それも立ち行かなくなるだろう。

国営石油会社サウジアラムコの株式上場もうまくいかず、原油安で株価も低迷し、ムハンマド皇太子の目論見通りにはいっていない。財政は今後いっそう苦しくなり、サウジアラビアはじり貧になる。

中東への関与を低下させている米国からすれば、武器を購入してくれる相手先がなくなるのは痛いが、資金のない相手にいつまでもかかわってはいられないだろう。いつか米国がサウジアラビアを見限る可能性もある。近い将来、サウジアラビアが転覆しても驚きはない。

このように、原油安は世界情勢を混乱させることになる。各国が抱えるドルの債務が帳消しにされ、ドルの需要が減少すると大変なことになる。この点からもドルの通貨としての価値はますます減価し、相対的な金の価値がさらに高まり、安全資産としても金の需要は逼迫することになるのである。

原油価格低迷の時代に

新型コロナウイルスの影響で、今後はこれまでと同じような経済活動のレベルが維持されることはないだろう。人が移動に使うガソリン需要も減少し、航空機向けのジェット燃料の需要も減少することになる。工場の稼働率が低下すれば、ディーゼル油などの需要も低下するだろう。そうなると、原油相場はますます回復しづらくなる。無論、インフレには程遠い状況が続くことにならざるを得ない。

世界は、原油の供給をどのように調整するのか、という問題に再び直面することになる。

産油国はますます苦しくなる。ドルの価値の減価で多少はドル建ての原油価格が戻すことはあるだろうが、以前のような水準に戻るのは難しいだろう。

極端なケースを想定するなら、今後は「石油を交渉の武器として扱う」といった考えは古いものになるかもしれない。そうなれば、原油に対する地政学的リスクのプレミアムは剝《は》げ落ち、以前のように原油1バレルあたり100ドルを超えるような高値を付けることもなくなるだろう。

原油価格が安くなれば、原油輸入国である中国の競争力はますます高まることになる。逆に米国のシェールオイル企業は破綻に追い込まれるだろう。シェールオイルの増産のおかげで世界一の産油国になり、石油を武器にさまざまな交渉を有利に進めてきた米国の思惑は、原油価格の暴落で完全に外れたことになる。

米シェールオイル企業は民間企業であるがゆえに、トランプ政権は反トラスト法の観点からも、強制的な減産をさせることができなかった。逆に国家が強制的に指示を出すことのできる中国が、むしろ優位な立場になりつつある。

米国、中国、ロシア。すべての国がコモディティに絡み、そしてドルに絡んでいる。世界情勢や金融市場全般の動きをコモディティを通して見ると、それまでとは少し違った世界が見えてくるだろう。

現代は、コモディティ取引の経験が生かされる時代である。米国と中国による覇権国家の移行期に入り、基軸通貨のドルの価値がさらに低下する可能性が高まっている。私たちは激動の時代、歴史的転換期の真《ま》っ只中《ただなか》にいるという自覚を持って、生きていかなければならない。

また米国について付け加えると、トランプ政権はすでに末期的な様相を呈している。

6月に入って、「標準化機構における標準の修正や開発」に寄与する場合、国内企業がファーウェイや関連企業と特定の技術共有を認めると修正した。5Gなどの国際標準規格の策定を念頭に置いた措置とし、これまでの政策を大きく転換させたのである。米政府は2019年、国家安全保障上の懸念を理由に、政府の許可なく米国企業から製品や技術を調達することを禁止する「エンティティーリスト」にファーウェイを追加していた。ロス商務長官は「ファーウェイを助けているのではない」としているが、これは米国によるデジタル分野における「ギブアップ宣言」である。つまり、この瞬間、世界のデジタル覇権は米国から中国に移行したのである。

トランプ政権内部からの崩壊も始まっている。ボルトン前大統領補佐官（国家安全保障担当）

が政権の内幕を暴露した回想録が6月に発売された。ボルトン氏は、2021年度以降の在日米軍駐留経費の日本側負担「思いやり予算」に関し、2019年7月に訪日した際、日本側にトランプ大統領が年80億ドル（約8500億円）を望んでいることを伝えたと明かした。また、北朝鮮政策については、トランプ大統領が「メディアの気を引くためであり、どんな内容の合意でも署名する」としていたと暴露。さらに、「トランプ大統領は、個人の利益と国益の区別がつかないようだ」と断じている。

また、米ミネソタ州ミネアポリスで5月、警察に拘束された際に地面に押さえ付けられた黒人男性が死亡した。これを受け、多くの国民が反発してデモを実施したが、これを鎮圧するために軍を出動させるとトランプ大統領が発言した。しかし、これにはさすがに政権内部からも公に批判の声が上がった。この時点で、トランプ政権は実質的に崩壊したといえるだろう。

米国が覇権国家から滑り落ちようとしている象徴がトランプ大統領であれば、これほどわかりやすいものはない。彼はまさに米国の歴史を大きく変えるトリガーを引いたといえる。

GOLD SHIFT

第3章 アフターコロナの世界を生き抜く

クラッシュは来るのか？

ここまで米中の覇権争い、米国に挑む中露を取り巻く状況、さらには原油市場に関して解説してきた。新型コロナウイルスの発生により、すでに起こりつつあった世界の転換が、より鮮明な形で顕在化したというのが現在の世界情勢だ。第3章では、今後米国の「バブル経済」が破綻《はたん》するのか、世界経済はどうなるのか、危機が拡大した場合に何が起きるのか、そして、私たちは揺《ゆ》れ動く世界の中でどう対処し、生き抜けばよいのかについて考えたい。

今回の新型コロナウイルスの世界的な感染拡大で、1929年に始まった「世界恐慌」の再来になるとの声が多く聞かれる。しかし、現代でそのようなことが起きる可能性は低いと考えるのが常識的であろう。というのも、過去の危機の教訓から、数多くのセーフティーネットが用意されており、これらを迅速《じんそく》に活用する体制ができあがっているからである。

コロナ危機に際して各国政府や中央銀行が即座に対応したことは、まさにこれまでの経験が生かされていることの証左であろう。それにより、高値からおよそ3割下げた株価は瞬《また》く間に戻している。

もっとも、だからといってこれで経済が回復すると言い切れるかは難しいところである。また、将来を予測するのが簡単ではないことは、市場取引を30年超経験している私自身が最もよく理解している。

はっきりしていることは、世界各国の政府・中央銀行（以下、政府・中銀）が過去最大級の資金供給を行い、経済を支えると宣言し、すでに実行に移していることである。これだけ迅速に当局が対応したことはかつてないだろう。

懸念材料があるとすれば、ひとつは感染拡大の第2波のリスクである。これは実際に起きるのかどうか、現時点ではまったく予測できない。したがって、これを前提に議論することはあまり意味がないだろう。

もうひとつのリスクは、需要サイドが新型コロナウイルス発生前の水準にいつ戻るのか、ということである。生活様式などが変わり、企業のリモートワークなどが世界で広がる中、人の移動が限定的になるなど、需要サイドの縮小が危惧《きぐ》される。この点では、経済が完全に元通りになるにはかなりの時間がかかると考えられる。そうであれば、将来の経済成長や株価への影響も考慮する必要がある。

各国の政府・中銀は、当面はコロナ危機に対して打ち出した政策を続けざるを得ないだろう。経済指標が好転したとしても、コロナ対策の解除はかなりの時間をかけて行われる可能性が高い。

過去には、中央銀行が緩和《かんわ》策の解除の可能性をほのめかしただけで、株価が急落するようなケースが何度も見られている。特に米国の場合は「株式資本主義」である。株価が下がると個人消費が落ち込み、経済成長が鈍化する。いまはそのような政策のミスが許されない状況だ。経済が軌道に乗るまで、政府は大きな犠牲を払ってでも資金供給を継続するだろう。

「錬金術」の終焉

しかし、財政出動は「やりっぱなし」でよいのか、という疑問が湧く。

2020年4月中旬時点で国際通貨基金（IMF）が試算する、世界各国の新型コロナウイルス対策費の合計は、世界の国内総生産（GDP）の9％強にあたる8兆ドルにのぼっている。

そのうち2兆ドル強を占める米国は、財政赤字や債務残高の増加が2008年のリーマン・ショック時をも上回る水準である。また、IMFの見通しでは、2020年の米財政赤字はGDP比15・4%と、日本の7・1%やユーロ圏の7・5%を大きく上回っている。

さらに、債務残高のGDP比131%は、第2次大戦直後の1946年の119%を超え、2030年代と予想されていた水準に到達する見通しである。

いかに世界規模の歴史的な財政出動が行われているかがわかる。

過去に例を見ない、こうした「錬金術《れんきんじゅつ》」がいつまで続けられるかは誰にもわからない。しかし、いまはそれをせざるを得ない状況であることだけは確かである。

政府は国債を発行して財政出動を行い、その国債を中央銀行に買ってもらうしかない。このような政策は、中央銀行が国債を引き受ける「マネタイゼーション」と相似である。

第1次大戦時のドイツや1980年代のアルゼンチンでは、財政が膨張し、通貨の信認が失われた。このやり方は「禁じ手」と認識するのが一般的だが、非常時においてはこの政策を容認する経済学者も少なくない。日本政府・日銀は頑として認めないだろうが、日本ではすでに実行されている錬金術の方法でもある。

このような形式の信用創造は、いずれ行き過ぎになるものだ。それがバブルを醸成し、破裂すればまさに「バブル崩壊」になると考えるのが普通である。しかし、実際にはなかなか起きないのが不思議なところである。


日本では特に問題が起きなかったため、さらに国債が増発され、資金が供給されることを繰り返してきた。そのコントロールは難しいはずだが、バブルの破裂はいまだ起こらない。

そして今回、コロナ禍《か》で米政府や米連邦準備制度理事会（ＦＲＢ）はコントロールのタガを完全に外した。実質的に「無制限」に財政・金融支援を行うことを宣言し、実行に移している。欧州各国も米国に近い財政出動と金融緩和策を行っている。

日本と同じように欧米でも問題なく進むのか、大いに注目されるところである。

米国バブル経済と世界恐慌

米国は、新型コロナウイルスの感染拡大で株価が暴落する直前まで、これまでもＦＲＢの資金供給で株価が支えられる「仮想バブル経済」の状態にあったといえる。バブルの定義は難しいが、株式であれば企業業績の実態と株価との乖離《かいり》が大きい場合に「バブル化している」と判断してよいだろう。

米国の場合には、経済が個人消費と株高に支えられており、株価を高く維持するにはＦＲＢが資金供給を続けざるを得ないという構造にある。また、一部のハイテク銘柄に資金が集中するような事象も、ある意味ではバブル的といえるのかもしれない。

近年顕著なこのような構図がいずれ崩れ、バブル経済が崩壊するのか、あるいはまだまだ続くのか。その答えがはっきりするまでもう少し時間がかかりそうである。

現在の米国がバブルの状態にあると仮定した場合、それが崩壊したあとに起きることを正確に予測するのはきわめて困難だ。政府・中銀が大量の資金供給を行うからといって、経済が正常化するとは限らない。まだまだ将来への不安や不透明感は残るだろう。

バブルが崩壊する可能性を考慮しつつ不透明な将来を見通すうえでは、１９２９年に起きた「世界恐慌（Great Depression）」が多少なりとも参考になるだろう。もちろん、同じようなことが起きると考えているわけではない。過去の最悪のシナリオを頭に入れておけば、対処の仕方が見えてくると言いたいのである。

このような考えに立ったとき、ジョン・K・ガルブレイスの著作『大暴落1929』(日経BPクラシックス)が書棚にあるのを思い出し、改めて読み直してみた。するとそこには、参考になる記述が数多く書かれていた。そこで確認できたことは、経済の仕組みやバブルの醸成から崩壊の流れは、今も昔もそれほど大きく違わないということである。

『大暴落1929』から見える世界

世界恐慌が起きた詳しい背景については、『大暴落1929』で確認するのが近道であるが、簡単にまとめるとすれば、「世界恐慌は投機バブルの崩壊だった」といえる。

株価暴落の前年である1928年には、当時米国のクーリッジ大統領がきわめて楽観的な発言をしていた。これは、2020年初めのトランプ大統領の強気な発言にも通じるものがある。トランプ大統領は「現政権になってから、米国経済は拡大し、株価は過去最高値を何度も更新している。「最高の状態だ」と自画自賛していたが、１９２９年の大暴落前夜もまさにそっくりの情景があった。

当時の株式市場には、上昇するもっともな理由があったようである。企業の業績は堅調で、先行きは明るいように見えた。また、１９２０年代の初めごろは、株は割安で配当も多かったという。１９２４年の後半から株価は値上がりし、翌１９２５年も続いた。１９２６年に入ると株価は落ち込んだが、１９２７年にはいよいよ本格的な上げ相場が始まった。株価は毎日・毎月のように上昇し、堅調な動きが続いたのである。

その後、英国は１９２５年に金本位制に復帰したものの、戦時インフレの影響で物価水準が高く、英国製品を輸入する外国企業が高いポンドで支払わなければならなかった。そのため英国から買うことは魅力がなくなり、逆に英国に売ることは簡単になった。

１９２５年に端を発するポンド危機はいつまでも収まらず、これを境に英国から金が流出し、米国に流入するようになったのである。

一方、１９２７年夏に、欧州から当時のイングランド銀行総裁、ドイツ連邦銀行総裁、フランス銀行副総裁が米国を訪れ、金融緩和を要求した。ＦＲＢがこの要求を呑み、ニューヨーク連邦準備銀行は公定歩合を４％から３・５％に引き下げた。と同時に、市場から大量の国債を買い入れ、当然の帰結として、国債を売った銀行や個人の手元には大量の余剰資金がもたらされた。まさにいまの量的緩和策と同じである。

ＦＲＢが供給した資金は、直接的に株式投資に充《あ》てられ、さらに重要な点は、株式を買おうとする人々に貸し出されたことである。潤沢《じゅんたく》な資金を手にした個人投資家が市場に殺到し、株式を買い漁《あさ》った。このようなＦＲＢの措置が、その後の投機と大暴落を招いたとの見方がいまではすっかり定着している。つまり、現代に起きているのとまったく同じことが当時も起きていたのである。

株価が上昇基調で推移する中、１９２８年の大統領選挙が近づいていた。それでも株価が下落することはなかった。当時のメロン財務長官が「心配すべき理由は何もない。繁栄は今後も続く」と発言したことが株価を押し上げた。

しかし、彼がそのようになると知っていたわけではない。このような発言をする立場の人は、未来を予測する能力に長《た》けていると考えるのは間違っていることが多い。その立場にあるために、威厳があるように聞こえるだけなのである。

現在の米国もそうだ。ムニューシン財務長官は、「経済は7月以降時間をかけて回復する」と発言したが、これも同じ類《たぐい》のものであろう。

結局、このような発言をする人たちは、株価の過度な上昇に加担するにすぎず、投資家にとってよいことは何もないのである。

1928年の大統領選挙では、フーバー氏が圧勝した。

しかし、このときすでに信用取引は異常な水準にまで膨張していた。ブームが熱を帯《お》びてある点にまで達すると、手に入れた財産がすぐに値上がりするかどうかだけに目が行き、他の要素がまったく目に入らなくなる。当時の株式市場はまさにそのような状況だったのである。

また、当時の配当利回りが借入金の金利よりも高い状態だったことも投機を助長した。自己資金なしで値上がり益を手にしようと大勢の投資家が株式市場に群がれば、バブルになるのも当然だった。

これらの投資家に対し、銀行はFRBから5％の金利で資金を借り、それをコール・ローンに回して12％で貸し出し、まさに〝濡《ぬ》れ手に粟《あわ》〟の状態になっていた。銀行は投資家にどんどん資金を出し、投資家はその資金を使って株を買い上げていった。

だが、１９２９年９月３日をピークに、１９２０年代の華やかな強気相場は永久と言ってよいほどの終わりを告げることになったのである。

転換点は誰にもわからない

経済というのは、明確なターニングポイントはわからない。きっかけとなる出来事はいつも曖昧《あいまい》であり、ほとんどわからないことがよくある。世界恐慌においても同じだった。

しかし、確かなことはある。当時もバブルが崩壊する素地ができあがっており、破裂するのは時間の問題だった、ということだ。

この状態を見抜いて、「いずれ株価は暴落し、悲惨な事態になるだろう」と発言しても、バブルの状況下では誰も耳を貸さない。むしろ市場で毛嫌いされることになる。また、株価暴落の予測の結果が正しくても、その人間を批判するのがウォール街の流儀だ。下落相場を当てても称賛されないのである。

あとになって振り返れば、経済指標が悪化するなど下落に向かう明確な材料は揃《そろ》っていた。つまり、1929年当時、米国はすでに不況になっていたのである。

6月には鉱工業生産指数がピークを付けていた。この場合、経済の基礎的条件であるファンダメンタルズは、市場よりも先に変化していたことになる。つまり、原因は経済であり、結果が株式市場であるということになる。

一般的に、株価は景気に先行するといわれているが、のちに振り返ると、株価の下落の前に景気がすでに後退していたというケースは少なくない。そこで調べてみると、近年の米国の鉱工業生産指数は、2018年12月にピークを付けているが、その後も株価は1年以上も上昇した。この〝ズレ〟は、いずれ是正されなければならない。

実際には、米国では株価の変動が景気に影響を与えるといったことが起きている。FRBが資金を供給し、株価がその影響を受けているからである。つまり、主従が逆転しているのである。そのような構造にしたのは、ほかでもないFRBだ。

FRBはいまや金融調整の機会を失い、株価を支えることが最大の目的になっている。本来、株価の上下動が景気や経済に影響を与えるのは本末転倒《ほんまつてんとう》であるが、もはや誰にも止められない状況だ。

何事にも終わりがある

景気も株価も永遠に拡大し続けるということはない。直近の米国経済は過去最大の拡大期だったが、これもコロナ禍により終了した。行き過ぎたものは必ず調整が入ることになる。違いがあるとすれば、その期間が長いか短いかだけであって、経済の拡大期はいずれ終わる。だが、あとになってみなければそのタイミングも、理由もわからない。

投資家は株価の上昇を信じ、株価の上昇にかけている。期待や希望に胸を膨《ふく》らませる人たちが増えることで、バブルが醸成される。そのような状況になるあいだに、すでに経済の実態は変わってきているのだが、それに気づいて指摘する人がいても〝親切なアドバイス〟は彼らの耳には入らないのである。

変化に気づいた一部の投資家は、いち早く市場から抜け出そうとする。生き馬の目を抜く投機筋が売り出したところで、株価は徐々に下落に向かい始めることになる。

株価が上がり続けると信じていた無邪気な一般投資家が狼狽《ろうばい》し始め、やがて一気に売りに回ることになる。だが売りが遅れ、追加証拠金（追証《おいしょう》＝マージンコール）が発生し、払い切れないために売りたくない株まで売らざるを得なくなる。たちまち資金不足の投資家が続出し、株価はさらに下落することになる。株式市場の暴落に拍車がかかり、ついにはバブルが崩壊するのである。

ガルブレイスは、「今後株価の暴落が起きるとしても、１９２９年と同じようなことが起きることはない」とした。また、株価の暴落の結果、経済は基本的に健全だったことが判明するのか、それとも不健全だったことが判明するのか、残念ながら、それは事が起きてからでなければわからない、としている。

これは今も昔も同じである。１９２９年の大暴落当時と大きく違うところがあるとすれば、株式投資が米国人の生活にいっそう深く入り込んでいるという点であろう。

世界恐慌以降、株価の大暴落は何度も起きている。だが、確かに世界恐慌当時のような株価の大暴落は起きていない。しかし、それに近いことは何度か起きている。２００８年の金融危機、あるいは2000年のハイテクバブルの崩壊がその好例である。

過去のこのような経験もあり、米政府あるいは金融当局は、株価の暴落に伴う経済の悪化を止めるべく、さまざまなノウハウを持ち合わせている。今回のコロナ危機に対する米政府・FRBの素早い対応は、それを証明したといえる。

だが、私たちは、株価が維持された結果、株式が経済規模に見合わない水準になるまで買われているということを知る必要がある。

この点は、著名投資家のウォーレン・バフェット氏が考案したといわれる「バフェット指数」でも確認することができる。「バフェット指数」は、米国の株価指数であるウィルシャー5000に採用されている企業の株式時価総額を、米国の国内総生産（GDP）で割ることで得られる。

実は、コロナ危機前の「バフェット指数」は150％を超えていた。つまり、株式時価総額が米GDPの1・5倍にまで膨らんでいたのである。これは過去最大の水準だった。つまり、米国株は米国経済の規模をはるかに上回る段階まで買われており、すでに「バブル」だったというわけだ。そして、実体経済とかけ離れた株高の状態でコロナ危機となり、株価は一気に暴

バフェット指数

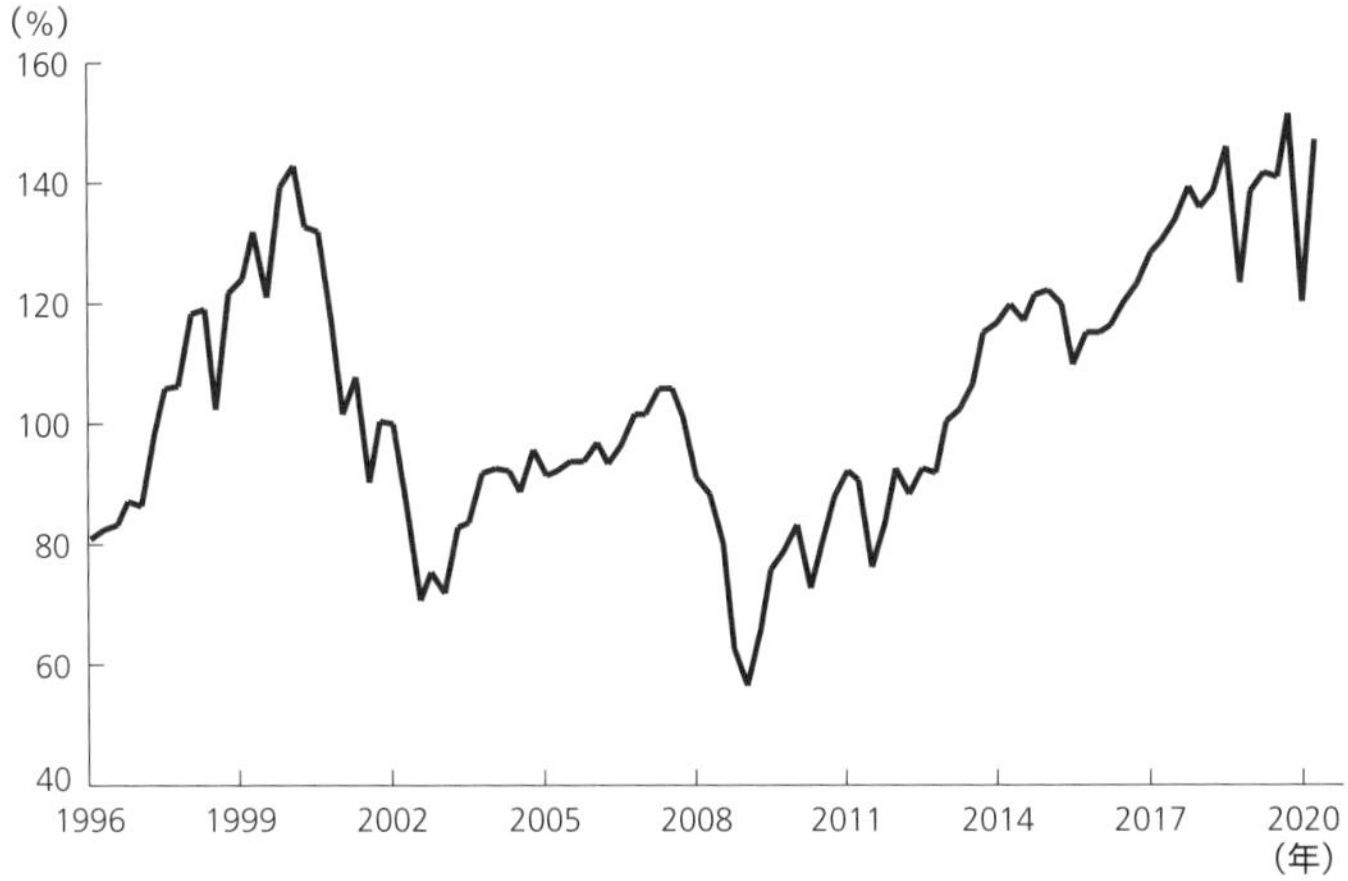

＊出所：トムソンロイター

落したのである。

知識があろうとなかろうと、専門家であろうと、不況や株価の暴落を正確に予測することはできない。株価は基本的には上昇している期間のほうが多いのだが、時折暴落する。それは、過剰な水準まで買われるからであり、株価を押し上げる理由の多くは「投資家の欲」である。

今後、値上がりを期待して買う人がいなくなれば、借り入れや信用取引をしてまで株を買う意味はなくなる。そうなれば、市場には売る人だけが残ることになり、株価は急落に転じる。

こうなった場合、責任ある立場の人は厄介

なことになるだろう。つまり、「規制当局を規制するのは誰か」という問題になるからだ。

景気実態に沿った株価上昇は歓迎されるべきだが、投機的な株価上昇は当局が手を打たないとのちに大惨事を招く。しかし、「バブル」を意図的に破裂させるには、相応の責任を負うことになる。

風船が限界まで膨らんだ状態で針を刺せば、風船は破裂する。当然だ。しかし風船を破裂させたくないと、針をゆっくり刺して徐々に空気を抜くことができるものだろうか。それはほとんど曲芸に近い行為だろう。すなわち、株価の行き過ぎた上昇を、株価の暴落を引き起こすことなく、徐々に調整に向かわせることは「できない」ということである。

1929年当時もそうだった。バブルが破裂する可能性を薄々感じていた人々は、ブームを沈静化させたいと願っていたものの、そのための明確な方法を見出すことはできなかった。これは、2000年代のハイテクバブルやリーマン・ショック前の株高でも同じだった。歴史は繰り返すのである。

結局のところ、何らかの措置を講じて人為的にバブルを破裂させるか、あるいはさらに重大な事態になるまで放置し、自然に破裂するのを待つか、選択肢は２つしかない。株価を人為的に破裂させれば、その責任者は明確になるが、やり玉に挙がるのはＦＲＢ議長である。

近年のバブル破裂の際もそうだった。「マエストロ」と呼ばれたグリーンスパン元ＦＲＢ議長は、バブルをさらに膨らませることに加担し、経済崩壊を招いたと批判され、晩節を汚した。またイエレン前議長は、自分の任期中は利下げを行って量的緩和を実施し、バブルを膨らませるだけ膨らませたが、その後処理を後任のパウエル氏に押し付けた。

こんな調子であるからして、ＦＲＢ議長でさえも、前述のように将来を的確に予想し、あらかじめ適正な政策を実行することなど不可能なのである。

経済学の限界

現在の新型コロナウイルスの問題が沈静化し、経済活動が正常化に向かう過程で起きることをあらかじめ想定し、確率の高いシナリオを構築するのは簡単ではない。しかし、ＦＲＢが株価を支える政策を継続する限り、世界の投資マネーが米国に向かい、米国株は常にバブルのリスクを抱えた状態が続くことは間違いない。その結果、「米国株バブル経済」が今後も当面は続くことになるだろう。

リーマン・ショック後の2008年11月に、英国のエリザベス女王が権威ある経済学者たちに向かって、「なぜ誰も危機が来ることがわからなかったのでしょうか」と問いただしたが、経済学者たちは答えることができず、押し黙ったままだったという逸話がある。経済学では、信用創造を背景としたバブルとその崩壊について説明できなかったのである。

現代の市場は、経済学の枠組みでは説明できない領域に達している。実体経済は机上の学問通りには動いてくれないのである。

こうなると、コロナ危機に対して政府・中銀が行った大胆かつ歴史的規模の政策は、株式市場や世界経済にどのような結末をもたらすのか。その答えはいまはまだ誰も知らない。

米国型の安易な「錬金術」が将来も通用するのか、また米国流の「自由資本主義」「株式資本主義」が今後も主流のままで居続けることができるのか。今後も不健全な株価上昇を背景としたバブルが醸成され、また同じことを繰り返すのであろうか。

悩みは尽きない。

アフターコロナの世界

新型コロナウイルスを契機に世界は変わろうとしている。だが、コロナ危機はあくまでひとつの材料でしかないことはすでに解説した通りである。世界で、ひとつの覇権国家の時代が終わり、新たな覇権国家が胎動する中に私たちは生きている。

感染第2波のリスクや別の感染症が流行する可能性を指摘する声もあるが、それは歴史の大きな枠組みの中で見れば大したリスクではないだろう。

いまは不確実な時代ではあるが、50年単位の経済サイクルのピークを迎えた２０２０年に新型コロナウイルスの感染拡大が起きたことは、偶然とはいえない。世界覇権が移行する過程の中、そしてその動向がいまだ定まらぬ中、現在の基軸通貨であるドルがいずれ別の通貨に取って代わられるリスクが徐々に高まっていくことになる。

現在の通貨あるいは現金は「ゴミ」になり、いずれ何かに取って代わられる。それが

「金《ゴールド》」であり、あるいは次世代の通貨である「デジタル法定通貨」であろう。

世界中で歴史上初めて、かつ史上最大規模の財政出動と金融緩和が実施されたアフターコロナの世界に待っているものとは、いったいどのようなものなのだろうか。

「デジタル法定通貨」であろう。

ＦＲＢは投資不適格級のジャンク債まで購入するとし、中央銀行が社債の「デフォルトリスク」を引き取ることになった。これにより、資金の借り入れが可能になった企業が増えたが、その一方で、ＦＲＢには買い取った債券がデフォルトに陥《おちい》るリスクが発生している。社債がデフォルト（債務不履行）した場合、中央銀行が購入したことに対する「責任問題」がいずれ浮上するだろう。

パウエルＦＲＢ議長は今回の政策に関して、「米国における優先事項は、感染者を治療し、感染拡大を食い止め、公衆衛生をめぐる危機に対応することだ」としている。一方で、「ＦＲＢの役割は、経済活動が抑制されている期間においてできるだけ多くの救済と安定を提供することであり、ＦＲＢの決定は景気の回復を可能な限り力強いものとする一助になる」とも述べている。

今回のＦＲＢの大胆かつ大規模な政策により、株式市場は安値から反発した。ＦＲＢが株価をコントロールする、いわゆる「パウエル・プット」（パウエルＦＲＢ議長がみずからの発言などを通じて市場支援に乗り出すこと）が健在であることが示されたのである。

誰が責任をとるのか

世界中の中央銀行は通貨を発行し、国債を買い入れる一方で、政府は国民に現金を配り始めた。以前であれば、「国民にお金を配る」という金融政策は想像の世界の話だったが、それが現実に行われている。

一見したところ、政府が国民のほうを向いていろいろ考えてくれているように感じられるだろう。しかし、おそらくそれは正しくない。

もし自分が政府の立場であれば、どんどん債務を増やし、国民に現金をばらまく一方、資金を調達するために発行した国債を中央銀行に買ってもらうだろう。政治家は自身の任期のときだけうまくやればよいわけである。

国家の将来や国民のために政治活動を行っていると心から言える政治家はそう多くない。当初は「日本をよくしよう」「いまの政治を変えよう」と意気込んでいた政治家も、徐々に馴《な》れ合いに陥り、自身の保身に走ることになる。

これは、自分が社長を務める期間だけ業績が上がるようにしようとする企業経営者と同じである。近年、米国の自社株買いや配当が急激に増えたのは、まさにこの典型的なパターンである。

彼らは社債を発行し、借金を利用して自社株買いを行い、配当を出すなどして株価を上げる政策を導入する。そして、株式が上昇したところでさっさと売却して社長を降りる。いま、これと同じことを行っているのが、政府であり中央銀行である。

経営者や政治家、中央銀行の政策担当者は、将来に責任を持つわけではない。そのため、やりたい放題になりがちである。政府は債務を増やすことによって国民に現金を配り、目先の問題を糊塗《こと》しようとしている。しかし、それが政府の債務を増大させることになる。

債務は今後も膨張し続けるだろう。債務膨張サイクルでは、初期段階では政府への信頼が維持されているため、政府が国債を発行してもそれを引き受ける投資家も存在する。結果として、政府が最大の借り手になる。

ところが、この債務膨張サイクルが一段進むと、その後の政府指導者たちは、それまでに膨張した債務の扱いに困ることになる。

景気を維持するためにはさらに資金をばらまかざるを得ず、追加で借り入れが必要になる。結果として、国債をさらに追加的に発行することになる。

それでも経済が悪化し、金融危機のようなことが起きれば、さらに追加で資金供給を行う必要が出てくる。そうして政府による天文学的な数字の債務が構築されていくことになる。

この状況にあるのがいまの日本だ。

経済が好調で、税収が歳出や国債の利払いを上回るほどであれば、徐々に債務は減っていくだろう。しかし、日本の状況を考えれば、財政再建はもはや不可能であり、意味のない議論であることは異論のないところである。

すでに実質的な財政ファイナンスが行われている日本の例は、今後債務が積み上がる国々の参考になるだろう。ただし、ひとつ大きな違いがある。それは国としての信頼であり、自国通貨建てで発行された国債の引き受け手が国内にどれだけいるかだ。

信用のある国の政府が債務を増やし、それを中央銀行が紙幣を印刷して国債を買い入れるサイクルは持続可能かもしれない。しかし、ほとんどの国ではこれは機能しない。それは米国も同じである。大量の国債発行と紙幣の増刷が続き、貨幣と債務の両方が膨張すれば、両者の価値は必然的に低下し、基軸通貨であるドルの価値が棄損するだろう。

現時点ですぐにそのような事態が起きることはないだろうが、〝臨界点〟に達したとき、貨幣と債券の保有者はすぐにそれらを手放し始めるだろう。そのとき、保有者は資金をどこに移すのだろうか。おそらく、債務の少ない国に移そうとするのだが、世界を見渡しても可能な国がほとんど見当たらない状況になっている。

そうなるとやはり、現金の代わりになる「金《ゴールド》」を選択せざるを得なくなるだろう。

このような過程を経て、現金は徐々に「ゴミ」となり、資産は金に向かうことになる。昔から懸念されていたことが、近未来においていよいよ現実のものになるのかもしれない。

一連の動きが強まった場合、その結果、政府や中央銀行は以前のように金本位制のような保証付きの通貨体制に戻ろうとするのだろうか。通貨への信頼が回復し、人々はその通貨で再び資産を貯蔵し、借金をやり繰りするようになるだろうか。

その場合には、それまでの通貨は文字通りゴミとなり、新しい通貨の誕生が必要になるだろう。しかも、その過程でばらまかれた紙幣は、その国の債務として残ったままになり、使われなくなる。

無論、債務が「チャラ」になることはない。債権者はゴミを抱えたままになるだけである。

日本でデフォルトは起きない

結論から言えば、日本でデフォルトが起きる可能性は低いといえる。政府が発行した国債を日本の居住者である国民や企業、金融機関が購入している限り、マネーは国内でぐるぐる回っているだけである。まして、いまは日銀が買っている。紙幣を発行していくらでも買ってくれる存在である。したがって、理論上デフォルトが起きることはなく、日本政府も財政破綻はしないだろう。

紙幣の発行には、1万円札1枚あたり20円弱のコストがかかるといわれる。しかし、市中銀行が日銀当座に残高を増やす作業は、実際には帳簿上の付け替えだけであり、電子的に処理ができるため、コストゼロと考えることができる。

だが、何もないところから通貨という価値を生み出すという夢物語が現実のものになってよいのかという疑問がある。これが可能であれば、まさに濡れ手に粟であり、なんでもできることになる。しかし、実際に行われていることは、まさにこのような錬金術である。

現在は金本位制ではないため、ここからはあくまで架空の議論だ。

たとえば金を無尽蔵に生産できるようになれば、その金を独占し、それを利用して現金を生み出そうとするだろう。供給が増えると、その価値は低下し、価格は暴落する。したがって供給量を調整する必要がある。

金がいまだに通貨に匹敵するような価値を認められているのは、金には「希少性」があるからだ。生産量、通貨でいえば発行量が限られているからである。

だが、紙幣はいくらでも印刷が可能である。紙幣の発行が行き過ぎれば、市中に紙幣があふれかえり、通貨の価値は低下するのである。

かつてドルは金の裏付けがあり、それがドルの価値を担保《たんぽ》していた。このような金本位制は、一見すると安定的な制度に見える。しかし、金の保有量以上にドルを発行できないという窮屈《きゅうくつ》な面があったからこそ、現在のような「国の信用」に頼る、実質的に無担保な通貨制度が生まれたのである。

市場経済が発達し、国際的な貿易が活発になると、経済成長に必要な通貨を供給できなくなるような事態は致命的な問題になる。また、為替調整ができないことも、大きな問題になるだろう。

金本位制で各国の為替レートが固定化されれば、為替調整が行われず、貿易の不均衡《ふきんこう》は是正されないことになる。これは大いに懸念されるところだ。

いまこの問題が起きているのが、ＥＵ単一通貨の「ユーロ」である。経済力がまったく異なる国々を無理やりひとつの通貨でまとめていることが、大きな問題を引き起こしている。ユーロ圏内の国同士の貿易収支の違いを為替相場で調整することができない。本来は為替調整により貿易不均衡が解消されるのだが、この機能が奪われてしまっているのである。したがって、貿易赤字国の赤字と貿易黒字国の黒字が永遠に続くことになる。

ＥＵでは「南北問題」が頻繁に取り沙汰《ざた》されているが、まさにこれは為替調整ができないことによって生じている問題だといえる。その結果、経済格差もいっこうに縮小されないままになる。

この問題を早く解消しないと、ユーロという通貨はいずれ破綻するだろう。

結局のところ、通貨は国の信用という「幻想」のもとに価値が担保されているのではないかとの結論に至ることになる。万人が国家の信用というものを信じているからこそ、通貨の価値が維持されているといえるわけだ。

だからこそ国や中央銀行は「通貨に価値がある」と信じさせなければならない。失敗すれば、通貨の価値が暴落する。

本来であれば、通貨の供給を調整することでその「希少価値」を維持しなければならない。

ところが、現在の中央銀行がやっていることはまったく逆のことである。政府を含め、まさに現金のばらまきが世界的に横行《おうこう》しており、さらにその費用を賄《まかな》うための国債が乱発され、輪転機が休みなく回っている状態である。

これまでも続けてきたこのような行為を、コロナ危機によってさらに加速させようとしている。コロナ禍という特別な状況にあることを考慮しても、これらの通貨の価値の大暴落が遠からずやってくると懸念するのは私だけであろうか。

中国の覇権に向けた道筋

中国は虎視眈々《こしたんたん》と世界覇権を狙《ねら》っている。その中国が経済成長を遂《と》げる過程で行ってきたのが、「他国を真似る」ことである。

他国の技術を盗《ぬす》み、それを真似てあらゆるものを作ってきた。当初は「安かろう、悪かろう」ということで、海外に輸出してもすぐに壊れるものばかりで、使い物にならなかった。だが、あるときから一気に質の水準が切り上がり、安価で良質な製品を供給するようになってきた。

日本も昔はそうだった。電化製品や自動車などは、当初は欧米に馬鹿にされるような品質だったのが、いまや日本の品質に勝てるところはほとんど見られないといえるほどである。

これと同じようなことが、中国におけるスマートフォンの生産や、最近では5Gなどの通信技術などでも起きている。これらの技術は一部ではすでに米国を上回っている。

だが、米国が何も作れなくなったわけではない。たとえばアップルのiPhoneは素晴らしい製品であり、世界のスマートフォンの標準になっている。しかし、それを真似され、苦しい状況になっていることもまた事実である。

米国はこれまでも新興国に真似をされ、市場を奪われ、最後は労働力も奪われてきた。そのたびに、米国はイノベーションによって新たな発明をし、別の市場を開拓して成長を続けてきた。しかし、このトレンドにも限界が見え始めているようだ。経済成長率が徐々に低下しているのは、その表れであろうか。

成長力の鈍化の背景には、「努力をしなくなること」も挙げられるだろう。海外の安価で高品質の製品が手に入るのであれば、わざわざ自国で生産しなくても「輸入すればよい」という発想になる。この発想が、中国を「世界の工場」に押し上げる原動力になった。新型コロナウイルスの感染拡大で、ひとつの国に依存するというのはきわめて危険だったことにいまさらながら気づかされたとしても、もはや手遅れである。

これはなにも工業製品に限った話ではない。農産物でも同じようなことがいえる。米国は世界有数の農産物の生産国だが、一方で多くを輸入に頼っている。

日本も、まさにこの点で大きなハンディキャップを抱えている。

日本は農業関連の財政支出を減らし、TPPや日米FTA（日米自由貿易協定）などで農業に関する関税を大幅に下げているが、食糧自給率が低い日本にとって、きわめて不利な状況にあるといえる。今後、米国主体のグローバリズムの枠組みが破綻していくとすれば、TPPやFTAなどの自由主義経済を推し進めるのは時代錯誤《さくご》であるといえるだろう。

新たな覇権国は誕生するか

米国を非難する向きもあるものの、現在のグローバリズムは、米国のような覇権国家があって初めて成立しているといえる。米国のような力強い自由主義的資本主義国家が存在するからこそ、現在のような国際経済秩序が保たれているのである。

過去を振り返ると、自由な世界経済を実現する覇権国家が存在したのは、19世紀における英国と、第2次大戦後に覇権国家となった米国だけである。両国とも圧倒的な軍事力と経済力により、自由貿易の時代を開いた。そして、いまや英国がEUを離脱し、米国との距離を大きく縮めている。新たな枠組みができあがるのか、大いに注目されるところだ。

覇権国家が存在した時期は、グローバル化の時期と重なっているという見方がある。大英帝国という、かつての覇権国家が出現した時期に相当すると考えられている。

覇権国家という世界を圧倒する権力が消滅すれば、グローバル化も同時に終焉《しゅうえん》を迎えることになるが、現在の米国はどうか。率直に感じるところを述べるとすれば、2010年代に入ってから米国の覇権的パワーは徐々に弱まりつつあるように見える。2008年の金融危機は、その観点で大きな意味を持っていたように感じられる。米国の自由資本主義の行き過ぎが生んだ資産バブルの崩壊だったからである。

このときに米国主導の国際経済秩序の正統性が損なわれ、グローバル化の進展による世界経済の永久的な拡大という楽観主義が崩壊した。その後も資金は米国に流入したが、その実態は金利が低いことによる「イールドハンティング（利回り追求）」の結果であった。実際には米国の潜在成長率は低下し、世界経済は停滞へ向かっていったといえる。

これまで世界は、混沌《こんとん》としながらも一定の成長を維持し、国家間の経済的な連携を深化させることでさらに成長する方策を模索してきた。国家間の利己的な対立を先鋭化させるより、協力的行動をとったほうが互いに得られる利益が大きいとの認識があったことが背景にある。現在のG20という枠組みも、互助の精神に基づいたものであろう。

今回の新型コロナウイルスの感染拡大を機に、世界は変わるのだろうか。経済全体が停滞ない し縮小し、各国がお互いに協力的行動をとっても得られる取り分が小さくなるとの発想に陥り、分裂するのだろうか。

仮にそのような方向に進むとすれば、各国はたちまち自国の利益を優先しようとし始めるだろう。他国の利益を奪うような政策を選択し、自由貿易や経済連携による利益の共有や互恵的な関係の維持は困難になる。世界をこのような動きに移行させているのは、実は米国ではないかと感じる。

とはいえ、自由資本主義による国際秩序が変わるとした場合、その中心的な立場に中国がなれるかと問われれば、現時点では「難しい」と答えざるを得ない。世界経済は、当面は混沌とした状態が続くことを覚悟しなければならない。

すでに見たように、コンドラチェフの景気サイクルが50年であり、2020年がそのピークに相当するとすれば、次のサイクルに入るのは2040年以降になる。2035年から2040年は、人口動態から見るとインドの経済成長がピークを迎える時期である。

インドが世界経済を牽引《けんいん》できるかはまったくの未知数だが、インド経済が拡大のピークを終えるころに、いよいよ中国主導の世界経済、中国が覇権国になる時代が来るというのが私の考えである。

そのときのイノベーションとは何なのだろうか。産業革命、IT革命に次ぐ、現時点では想像できないほどのイノベーションの成立が、中国が覇権国になるうえでの礎《いしずえ》になるだろう。それが、中国が準備を進めるデジタル法定通貨になるのかはまったくわからない。

世の中は依然として国家単位

新型コロナウイルスの感染拡大でわかったのは、「政治や経済の基本的な単位は、依然として国家である」ということである。そのうえで今後は、「グローバル化と経済的自立、そのバランス」が焦点になる。

多くの経済学者は「グローバル化の時代に国境は意味を持たない。自国の食料事情やエネルギー事情に不足があるなら、国外から調達すればよい」という論調が中心で、政府が自国の食料安全保障やエネルギー安全保障を担保すべきという考えが疎《うと》んじられてきた。

だが、今回のコロナ危機で、多くの国がマスクや医療物資の確保に奔走《ほんそう》し、外国への供給を禁止する中、「国境」が改めて大きな意味を持つようになった。

これまでは、最安値でモノやサービスを供給してくれる業者を世界中から探し出し、効率的なサプライチェーンを構築してきた。しかし、いまやそのシステムは弾力性や多様性に欠け、想定外の混乱に弱いものだったことが判明した。このことは、２００８年の金融危機で学んだはずだが、またもや同じことを繰り返しているのである。人間は過去に学ばない生き物なのだろう。

当時の教訓は、複雑に絡《から》み合った金融システムは小さな衝撃は吸収できても、実際にはきわめて脆弱《ぜいじゃく》であり、政府の大規模な救済がなければ崩壊していた、というものであった。したがって、今回のパンデミック後の経済システムは、より長期的な視野と弾力性に富むものにならざるを得ない。

各国は経済のグローバル化を維持しながらも、それを深化させるだけでなく、一定の経済的自立を維持するためにバランスの取れた政策が求められるようになるのである。

エール大学のロバート・シラー教授は、「戦争のような意識が大変革を可能にする」としている。シラー氏は、「歴史を振り返ると、物事を根本から覆《くつがえ》す事件が時々起こる」とし、「戦争がその役割を果たすことも多い。コロナ危機はまさに戦争のような緊急事態の意識をもたらし、これまで不可能だった変革を一気に進める可能性がある」と言う。さらに「このパンデミックは、新しい政治的・社会的枠組みを生み出す可能性もある。ここ数年、社会保障政策としてベーシックインカム（基礎所得保障）の導入が話題になってきたが、本格的な議論は進んでこなかった。ところがコロナ危機で、多くの国は仕事を失った人に一律の緊急支援金を給付しようとしている。これは平時のベーシックインカムの呼び水になるかもしれない」と分析する。

さすがに戦争になることまでは想定していないが、それに近い形での国際秩序の再構築に加え、国家のあり方もこれから大きく変わることになるだろう。

人の往来にも大きな変化が出てくる。今回判明したことのひとつは、国境の開放、つまりヒトとモノの自由な往来によるリスクである。また新興国は、市場開放とともに資本の流れを自由化してきたが、世界経済の停滞が自国に及ぶことを防ぐために今後は資本管理を復活させるかもしれない。

たとえコロナ危機が下火になっても、人々や企業はみずからのリスクを見直し、国際的な移動を控えるようになる。しかし、そのような行動は、経済的自立の名のもとに保護貿易が推進されやすくなり、人々の動きの制限につながるリスクがある。こうした事態は避けなければならない。

経済学者の中には、「グローバル化の大幅な後退は不可避」との声もある。現代のグローバル化は、2008年の金融危機で大打撃を受け、その後も欧州債務危機、英国のEU離脱、米中貿易戦争などに脅《おびや》かされてきた。そしてコロナ危機は、先進国・途上国の別なく、世界経済に壊滅的な打撃を与えた。

これは1930年代の世界恐慌以来の事態で、長期にわたって深刻な景気後退が続く可能性を指摘する向きもある。デフォルトに陥る国が次々に出てくるとする見方もある。このような事態が発生し、危機の連鎖が起きることは絶対に回避しなければならない。

中央銀行は政府より柔軟

コロナ危機は、以前からあった世界経済の4つの症状をさらに悪化させるとの指摘もある。

1つ目は、生産性の伸び悩みや長引くデフレ状態による長期停滞である。パンデミック後に人々がリスクを避けて貯蓄にいそしむと、内需が冷え込みイノベーションは抑えられて、この症状は悪化することになる。

2つ目は、富める国と貧しい国の危機対応力の格差が拡大することである。

3つ目は、基軸通貨としての米ドルへの過剰な依存が是正される可能性である。コロナ危機で市場はリスク回避のためにドル買いに走り、自国通貨建ての取引を増やしたい国はいら立ちを募らせることとなった。

そして4つ目が、経済ナショナリズムの高まりである。

貿易・金融取引をすべて断ち切る「閉鎖経済」は不可能でも、コロナ後に各国が鎖国的な政策を取れば、1つ目と2つ目の症状が悪化し、3つ目の要因から金融の覇権争いも激化するという見方である。

各国の中央銀行は今回のコロナ危機において同じ方向を向き、金融政策の鉄則を捨てて、大規模な債券購入によって流動性を供給するなどの「禁じ手」を使っている。

政府の財政政策は、政治的な調整に時間がかかるうえ、最も必要な部門に確実に資金を注入できないリスクがある。その点、「通貨の番人」だった中央銀行は、2008年以降は迅速かつ大胆、創造的な手法で経済を救うようになっている。

各国政府は足並みが揃いにくいものの、協調行動を取りやすいのが中央銀行の強みといえる。実際、コロナ危機では日米欧の中央銀行は一斉に大量の資金供給を決め、金融市場の混乱を回避している。これもリーマン・ショックの教訓が生かされている。

今後は長期にわたり、中央銀行が経済と金融の総崩れを防ぐ最前線かつ最も強力な要塞となるだろう。しかし、中央銀行が新たに背負うことになった重大な任務と、それに伴う非現実的な期待にどこまで耐えられるかは誰にも予想できない。

コロナ危機では現在、世界的な協調により、第2次大戦以降で最大の金融対策が講じられている。しかし、現行の政策だけでは不十分であると気づくときが来るかもしれない。また、累積債務に対処するには、インフレや組織的な公的債務のデフォルトといった荒療治もあり得るだろう。

一方で、リスクを回避し、無難な道を選べば、景気停滞を悪化させることになる。累積債務対策として緊縮に走れば、これらの問題はさらに深刻化することになる。また、失われた雇用の多くは二度と戻らないとの指摘もある。

また、コロナ危機とその後の景気回復は、仕事のデジタル化とオートメーション化を加速させることになる。

この傾向は過去20年、中程度のスキルの仕事を侵食する一方、高スキルの仕事を増加させ、平均賃金の停滞と所得格差の拡大に寄与《きよ》してきた。パンデミックによる経済的混乱で需要の変化も加速しており、今後はＧＤＰの構成が変わることになりそうである。

サービス業のシェアは引き続き拡大する一方、小売り、旅行、教育、医療、および公的部門の対面型サービスのシェアはデジタル化に伴って縮小すると考えられる。

「信頼」という中国の大問題

先にも触れたように、新型コロナウイルスの感染拡大に関して、中国政府は自国が早々に封じ込めに成功したとし、他国の支援強化に踏み切った。そして、その成果をアピールしている。

人民日報は、「マスクや防護服などの医療物資の支援は１２７カ国、４の国際機関に及び、世界保健機関への２０００万ドルの寄付、11カ国に13の医療専門家チームを派遣したほか、地方政府や企業も１００以上の国・地域や機関に医療物資を寄贈した」と報じ、「世界の尊敬を集めた」と強調する。

「マスク外交」とも呼ばれるこの外交手段は、感染終息後の影響力の拡大と、初期の情報隠蔽《いんぺい》による感染拡大への批判回避の狙いがある。

だが、このような手法は欧米が最も嫌うやり方である。それでも習近平国家主席は、中国共産党の理論誌に論文を発表し、「中国政府は、オープンで透明で責任ある態度で、WHOや関連国に適時にウイルスの遺伝子配列などの情報や予防・制御・治療の経験を伝え、国際協力を積極的に展開してきた」と強調する。これが中国のやり方である。

残念ながら、そこに日本的な奥ゆかしさのようなものは存在しない。中国は、自国が身体は大きいものの、中身はまだ子供であることを自覚しているのであろう。だからこそ、自分がやっていることを声高《こわだか》にアピールするのである。

今回の新型コロナウイルスによる死者数の大幅な修正や初動対応の不透明さからすれば、中国に対する世界の疑念は残ると言わざるを得ない。

事実、武漢の死者数は当初の数値から上方修正されている。感染初期の混乱で病院から正確に報告が来なかったこと、自宅で死亡した人がいたこと、重複してカウントされた人がいたことを理由に挙げているが、きわめて苦しい言い訳である。そのため国際社会は、「中国はまだ何かを隠している」と考えるようになっている。

中国が次なる覇権国を目指すのであれば、徹底した情報公開こそ、今後中国政府が行うべきことである。

日本がうらやましい中国

中国が真の意味で大国・覇権国家になりたいのであれば、「信頼される国」「尊敬される国」になる努力をし、結果を出さなければならない。

昔の覇権国のように、戦争で強奪し、覇権国家にのし上がるようなことは、現代社会では難しいだろう。軍事力と経済力は覇権国になるために不可欠な要素だったが、現代ではそれだけでは通用しない。むしろ、ソフトパワーが求められる時代である。

日本は覇権国ではないし、その野望もないが、世界から尊敬されているのはこの点が優れているからである。そして、これを最もうらやましく感じているのは、ほかでもない中国であろう。

中国人が日本を気に入り、多くの人が日本にやって来るのは、中国あるいは中国人にはない特別なものが日本あるいは日本人にあるからであろう。それは、日本に対する「信頼」であり「尊敬」である。

日本は基本的にどの国に対してもオープンであり、援助が必要であれば応える。そこに利権や覇権を取ろうとする意図はなく、まして裏もない。欧米からすれば「甘い」ということになるのだろうが、それが日本のよさである。だからこそ、世界各国が日本を頼りにするのである。

中国はいまのままでは、対等に付き合うには不釣り合いな相手という評価にとどまるだろう。国際社会、さらには世界経済において対等の立場で話をしたいのであれば、信頼され、尊敬される国になることが先決である。自国を大きく見せ、他国を批判するのは弱い国がやることだ。

中国はすでに規模だけで見れば経済大国であり、世界経済にも相応の影響を与える存在になっている。だがその振る舞いは、成長が早すぎた子供のようである。だからこそ、各所にきしみが出ているのだろう。

私たちは中国に対し、大国としてふさわしいマナーを身に付けることができるよう、それとなく指導していくことが必要である。

中国と対等に付き合い、アドバイスができるのはG7において日本だけであろう。その意味でも、日本はこれからの国際社会できわめて重要な立場になる。

大多数の中国人から見て、日本は「自由な民主主義国家」「民度が高い」と評価されている。新型コロナウイルスについても、緩《ゆる》い形での外出自粛要請にもかかわらず、感染拡大を阻止したと世界から一定の評価を受けている。世界がどうすれば日本のようになれるのか、再考する契機になるだろう。

そして、日本はさらに世界において称賛され、尊敬されるようになるだろう。そうなれば、日本に資金が集まってくる可能性がある。

日本は復活できるか

１９８０年代の日本は、米ソ冷戦期に米国の力も借りて大きく成長した。しかし、その成長があまりに行き過ぎたことで、さすがに米国もこれではまずいと、抑制に入った。

冷戦期には、米国は自国の利益を犠牲にして日本が豊かになるのを助けてくれた。しかし、その理由は、共産化が進むと困ると考えたからだと見られている。また、第2次大戦後に日本がきわめて短期間で復活したこと、また戦後復興や高度経済成長を見て、日本の底力に改めて恐怖を抱いたとされている。

そのため、冷戦が終わったとたんに米国は自国を犠牲にして日本を助けることをやめてしまった。このタイミングは、日本の資産バブルの崩壊と重なる。この観点からすると、経済と地政学はかなり密接に関係していることがわかる。


地政学と経済を結び付けて考えるのは、ごく自然なように感じられる。特に、私のようなコモディティをベースに市場を見ることを長年行ってきた人間は、政治的な動きが経済を動かし、その経済的な動きが地政学にも影響を与えると考えている。

一方、経済学者は、経済の問題を経済の範囲で考えようとすることで、世界金融危機への対応で大きな間違いをした可能性はないだろうか。

最近では、米国の主導的な経済学者も、これまでの主流派の経済学が破綻していると認め始めているようである。これらの古典的な経済学が間違える根本の理由に、「不確実性」という概念を取り入れていないことがあるとの指摘がある。

これを、現在の世界の金融情勢と結び付けると、デフォルト（債務不履行）のリスクに行き着くかもしれない。

国は国債を発行し、企業は社債を発行するが、国家・企業は簡単にデフォルトしないとの前提で、投資家はそれらを引き受けている。これは、「通貨」にも当てはまるだろう。国家の信用、さらに言えば国家権力に裏付けられた通貨が一般に流通しているのは、信用があるからである。しかし、その信用に不確実性が結び付くと、その価値は著《いちじる》しく劣化することになる。

非現実的なことに思えるかもしれないが、この不確実性を排除すれば、何でもできるということになる。しかし、今後はそのような状況は長続きしないだろう。

地政学と経済学の観点から見ると、米国にとって中国は安全保障上の脅威であり、かつ競合相手である。冷戦時のソ連は、安全保障上の脅威ではあったが、経済的な競合相手ではなかったといえる。これはロシアになったいまもそうである。

では、日本はどうだろうか。安全保障上は同盟国であり、経済的には競合相手である面とそうでない面がある。しかし、トランプ政権になってから、米国がＴＰＰを離脱し、ＦＴＡ交渉を行うようになり、そのうえで、米国は日本にＴＰＰと同水準かそれ以上の市場開放を強硬に要求している。そして、日本はかなりの譲歩を強《し》いられる結果となっている。

この点では、日米は経済的な競合相手であるといえる。今後も日本はある程度の主張をしていかないと、経済的な競合相手に根こそぎ持っていかれてしまうということになりかねない。日本は、経済が地政学的環境に与える影響と、地政学的環境が経済に与える影響の双方を考えながら、政策立案・運営を行っていく必要がある。

日本の優位性とは何か

軍事的な対立を実質的に放棄している日本は、地政学的な対立をできるだけ避けながら、コストをかけずに、いかに経済的なメリットを得るかを考えなければならない。経済力こそ国力の礎であるとすれば、資金力が十分に備わっている日本は、コロナ後の世界において大きく復活し、世界を牽引する立場になることが可能なポテンシャルを備えているといえる。

そのような立場につくためには、世界からリスペクトされることが最低条件であろう。資金的な面および人道的な面において、世界から称賛されるような行動をとることができるかがポイントになる。

日本はこれまでも、困った国にさまざまな形で支援をしてきた。そして、新型コロナウイルスの感染拡大において、治療薬やワクチンの研究開発を支援するため、EUが主導した40を超える国や機関が合計74億ユーロを拠出する枠組みに、約7・6億ユーロの拠出を約束した。これに米国は参加していない。

国際協調の中で主導権を握ってきた米国に追随するのがこれまでの日本だったのが、ワクチンの早期開発に向けた動きにおいては、独自の判断で参加を決めている。これは、大げさかもしれないが、米国の衰退と日本の復活の兆《きざ》しともいえる出来事であろう。

ところで、この基金の拠出額の構成は、フランスが15億ユーロ、カナダが5・5億ユーロ、ドイツが5・3億ユーロ、英国が4・4億ユーロである。中国はわずか4570万ユーロでしかない。

このように、中国は世界第2位の経済大国でありながら、この程度の資金しか出さず、口は出すというスタンスである。ここに、中国が国際社会でリスペクトされない原因のひとつが見えてくる。

また、日本は独自にイランにも抗インフルエンザウイルス薬「アビガン」を無償供与する方針を示している。イランといえば、米国の最大の敵国のひとつである。そのような国に支援を申し出る先進国は、日本くらいである。

このような態度を通して、日本は国際社会で、資金的な面でも人道的な面でもリスペクトされている。それだけ日本は、国際社会において優位で非常に強い立場にあることを、日本人自身が理解する必要がある。

トランプ大統領は再選の危機?

米国と中国の対立は、新型コロナウイルスの感染拡大でいっそう激しさを増していくだろう。米大統領選挙を控えるトランプ大統領はウイルスの発生源として中国批判を強めている。米国の対中政策は、従来の貿易から安全保障にまで拡大されている。また、トランプ政権は

「中国たたき」をすることで、有権者の気を引こうとしているようである。

しかし、これは危険な賭けであろう。

トランプ大統領は、米国内での感染拡大への責任を回避したいと考えているように見える。中国政府に損害賠償を求める訴訟の提起や対中関税の引き上げなどを検討し始めている。そして、2020年5月15日に米中対立の主戦場であるハイテク分野でファーウェイへの事実上の禁輸措置を強めた。

ファーウェイのサプライチェーンは世界にまたがっている。2018年末に公表した主要な部品調達先92社のうち、米国が33社と最多で、中国が25社となっている。ちなみに、日本は11社、台湾は10社である。

このような姿勢が、米中関係をさらに悪化させることは必至である。これに対して、中国外務省の趙立堅副報道局長は、「中国政府は断固として中国企業の権益を守る」とし、米国企業への報復も辞さない姿勢を示している。

米国の強硬姿勢の背景には、トランプ大統領の失政がある。新型コロナウイルスの感染拡大に対する初動を誤り、世界最大の感染者数と死者数を出した大統領として、将来、歴史に刻まれることは不可避の情勢である。しかし、虚勢を張り、中国に屈したと思われたくないのか、または大統領の権威を示すためか、ウイルス拡大を防ぐためのマスクをせずにさまざまな業務をこなすなど、その姿勢には疑問しかない。

そのうえ、ようやく候補者がバイデン氏に固まってきた民主党サイドに、トランプ大統領が最も苦手とされるオバマ前大統領が満を持して登場した。

オバマ氏は、暗にトランプ大統領の政策を否定し、「世界的な危機に対応できる強固な政治的リーダーシップがいまほど必要なことはない」として、トランプ大統領ではいまの難局は乗り切れないとの考えを示している。さらに、「秋の大統領選では、特定の個人や政党と戦うのではなく、自己中心的で分断を受け入れ、他人を敵とみなす長期的な傾向と戦うのだ」と言明し、トランプ大統領の政治手腕を明確に非難している。

このように、オバマ氏のトランプ大統領への批判は、新型コロナウイルスへの対応よりも、むしろ米国が掲げる独特の民主主義に対するトランプ大統領の破壊行為に対する憤《いきどお》りが込められていると言ったほうがいいだろう。

トランプ大統領対バイデン候補の図式であれば、トランプ大統領の再選の可能性もあっただろう。しかし、ここでオバマ氏が表舞台に出てきたことで、大統領選挙はトランプ対オバマ・バイデンの構図になったといえる。

オバマ氏が表舞台に出てきたのは、民主党による上院での過半数の獲得が狙いとの見方もある。いずれにしても、オバマ氏は民主党候補をサポートし、民主党の政権奪取に力を入れることになるだろう。

こうなると、トランプ大統領が大統領選で勝利する確率はますます低下することになる。また、景気が悪化したときの大統領は再選されないというパターンがある。まさにいま、そのパターンに陥りそうな状況である。

米国にとって、いま民主党が政権を取るのがよいことなのかどうかはわからない。しかし、トランプ大統領の政治手法では、中国に対抗するのは難しいとの見方が強まれば、その方向に進むことになるだろう。いずれにしても、最後は「トランプとバイデンのどちらに大統領をやらせるか」を、真の支配者が考えることになるだろう。

これからの「激動期」に備える

長期の景気サイクルのピークを迎える年にカウントされる２０２０年に、新型コロナウイルスの世界的な感染拡大が起きた。そして、同じ年に、米国史上まれにみるトリッキーな大統領であるトランプ氏の再選をかけた大統領選挙が11月に実施される。また、この年は英国の産業革命から約２００年後に相当し、翌２０２１年は１９７１年の「ニクソン・ショック」から50周年である。

本書で見てきたように、２０２０年という年は、ことほどさように重要なターニングポイントが重なっているのである。これだけの激動期ゆえに、私たちは将来に備えて金保有を増やしておくべきである。

ニクソン・ショックが起こるまで、米国では、金本位制が維持されていた。つまり、貨幣を金と交換することができたのである。金塊を持ち歩くのが大変だという理由で、紙幣は金の代わりに流通する目的で作られたものであり、いわば中央銀行に金を預けているという証明書のようなものだった。そのため、紙幣を中央銀行に持っていけば当然のように金を受け取ることができた。

しかし、1971年8月15日の夜に、当時のニクソン大統領は、ドル紙幣と金を交換するという約束を取り消すと発表したのである。これにより、ドルの価値は急落した。米国が実質的にデフォルトし、いわゆる「お金」が存在しなくなった瞬間である。

当時の米国は、ベトナム戦争の戦費などがかさみ、財政赤字が拡大していた。大戦後の米国は、本土が戦地にならなかったこともあり、欧州諸国への経済支援などを行う立場だったが、1960年代後半には米国経済そのものも疲弊し始めていた。

そして、1970年にはすっかり景気後退に陥っていた。当時の米国は、とにかく資金がなかったのである。そのため、預かっていたはずの金を返せなくなってしまった。そのため、勝手に「返さないでよい」ということにしたわけである。

それまで紙幣は、金《ゴールド》を預けている「預かり証」のようなものだった。紙幣には相応の価値があり、人々はそれを使ってモノを買うことができたのである。しかし、ニクソン・ショックにより、ドル紙幣は金から切り離され、文字通り「紙切れ」になった。

実際、紙幣そのものには価値はない。政府は「紙幣には政府の保証がある」と反論するだろう。しかし、「政府の保証」とは、中央銀行が株価を上げるために莫大な量の紙幣を印刷し、市場にばらまくことだろうか。このような行為は、紙幣の価値を上げているのではなく、むしろ下げているのではないか。

紙幣は、政府があるとき、「いま流通している紙幣は、この瞬間から価値がなくなりました」と言えば、それで終わりである。非現実的な話ではあるが、実際にそうである。

世界中の大半の人は、このように「無価値になる可能性がある借用書」ともいえる紙幣を後生大事に保有していることになる。このおかしな現実に気づいている人は、きわめて少ないだろう。しかし、これが紙幣の現実である。だからこそ、これからの時代は「現金はゴミ」になり得るのである。

暗号資産は代替にはならない

この数年で広がりを見せている「ビットコイン」などの暗号資産はどうだろうか。

いまでは、さまざまなところで現金の代わりに使用できるようになっている。また、週末を含めて、実質的に一日24時間、365日取引することができる。しかし、価値の裏付けがないことから、中央銀行はビットコインなどに対し「仮想通貨」という表現を使用せず、「暗号資産」という呼称を付けている。つまり、「通貨ではない」という位置付けだ。

通貨とは、通貨発行権を保有する中央銀行が発行したものだけであって、それ以外は通貨ではない、という立て付けである。通貨発行権を奪われるようなことがあれば、中央銀行の存在意義はなくなってしまう。政府も中央銀行も決してそのラインを譲ることはないだろう。したがって、ビットコインなどの暗号資産が、従来の紙幣を超える価値や役割を持つことは限りなく難しいといえるだろう。

とはいえ、紙幣がビットコインなど暗号資産より本当に信頼できるのか、という素朴な疑問がある。つまり、どちらも裏付けとなる資産の保証は何もないという点では一致しているのである。

この点において、紙幣という存在は「人類史上最大のバブル」ということもできる。

その昔、オランダで「チューリップ・バブル」が起きたことがある。チューリップ・バブルは、記録に残された最初の投機バブル（またはバブル経済）であるとされている。オランダ黄金時代のネーデルラント連邦共和国において、当時オスマン帝国からもたらされたばかりであったチューリップ球根の価格が異常に高騰し、突然に暴落した事件である。

チューリップ・バブルのピーク時の１６３７年には、チューリップ球根の価格は、熟練した職人の年収の10倍以上になったという。しかし、花の球根にそれだけの価値があるはずもなく、投機的に買われたあとは価格の下落により暴落し、オランダの商業は大打撃を受けた。

チューリップの球根に途方《とほう》もない価格が付くこと自体、まさしくバブルといえる。しかし、「まったく価値がない」というわけではないだろう。チューリップそのものは花が咲けば鑑賞することができ、それ自体に実体があり、価値がある。しかし、紙幣はどうか。ただの紙になにがしかが印刷されただけであって、「お金」だとされなければ、ただのチラシのようなものでしかない。

その意味で、そもそも紙幣はチューリップほどの価値があるのか？との疑問も出てくる。実体価値としては、トイレットペーパーなどがなくなった際に紙として役立つかもしれないが、実際にはその程度のものでしかないのである。

これは極論に聞こえるだろう。だが、これから起きると考えられる紙幣バブルの終末、すなわち量的緩和バブルの終末期には、このようなことが現実のものになってもおかしくないのである。

中国がデジタル法定通貨を発行か

本書を書き上げる最終局面に差しかかったときに飛び込んできたのが、「中国がデジタル人民元を2022年2月に北京で開く冬季五輪までに発行する方針」というニュースである。中国人民銀行（中央銀行）の易綱総裁が、五輪会場で実証実験をしていると明かした。新型コロナウイルスで現金を敬遠する動きが発行に追い風となっており、準備を加速させるという。

五輪会場での実験が判明したのは初めてであり、易氏は「発行に向けた時間表はない」とするものの、しかし、冬季五輪での発行を目指していると言明している。

デジタル人民元に詳しい国務院（中国政府）関係者は、「年末までに実験結果をまとめ、習近平指導部が満足すれば来年に発行する。満足しなければ来年さらに実験する」としている。

デジタル人民元は携帯電話番号に紐《ひも》付けられて発行され、携帯電話にアプリを取り込んで使うという。4月には、中国のインターネット上でデジタル人民元を表示したとされる携帯電話の写真が出回ったとの情報もある。

中国人民銀行はデジタル人民元を「現金の一種」と位置付けており、現金のように銀行口座を介さずに流通させるのが狙いである。相手に紙幣を渡せば決済できるのと同じで、携帯電話同士をぶつけるだけで決済ができるようになるという。

中国は現金の流通が極端に少なく、従来のキャッシュレスの決済手段では、地震などの災害時に携帯電話の電波が途絶えると決済自体がマヒしかねないという事情があった。デジタル人民元なら、携帯電話の電源さえあれば、災害時にも決済手段として使えることになる。

しかし、誰が使ったかわからないという現金の匿名《とくめい》性については制限するようである。中国人民銀行デジタル通貨研究所の穆長春所長は、2019年11月に「本人確認の度合いに応じて利用額に限度を設ける」としているのだ。

デジタル人民元は携帯電話番号さえあれば使えるものの、その場合は小口決済にしか使えないとしている。ただし、身分証や銀行カードの写真を送れば利用額が増える仕組みで、さらに銀行窓口で面談すれば利用制限がなくなるようである。

デジタル人民元の決済状況から賭博《とばく》など犯罪が疑われる場合には、利用者が特定できるメリットがある。人工知能（ＡＩ）で賭博かどうか見破れるとしている。

一方、発行による副作用もあるという。デジタル人民元は中央銀行の債務であり、一般の銀行の債務である預金より安全である。そのため、金融危機時には預金者が銀行預金を引き出し、デジタル人民元に替える可能性がある。地方銀行で預金の取り付け騒ぎが起きている中国では、無視できない問題になるだろう。

すでに中国では、アリペイや騰訊控股（テンセント）系の「微信支付」（ウィーチャットペイ）が普及し、小口決済の大半を占めている。これらは、デジタル人民元と明らかに競合することになる。デジタル人民元は法定通貨であり、小売店は法律で受け入れを拒《こば》むことができない。民間事業者よりも有利な状況にあるといえ、民業圧迫も起こりかねないとの指摘もある。

いずれにしても、これまでに得られている情報では、デジタル法定通貨の価値の〝裏付け〟に関する議論が見当たらない。金で裏付けるといった文脈も見当たらない。中国が保有している金は今後、どのような道を歩むのだろうか。中国は今後も金を積み増すのだろうか。

低金利下における投資の考え方

今後は金融市場のパラダイムシフトが起きるだろう。リーマン・ショック以降の金融緩和に支えられてきた株高を背景とした経済成長が、まったく別の次元に突入することになっていく。

２００９年から続く、中央銀行による利下げと量的緩和を梃《てこ》とした経済成長と株価上昇はいずれ持続不能となり、世界がこれまでも経験してきたように、金融緩和によるバブル崩壊を再び経験することになる。

中央銀行は資産を直接的に買い入れる一方、金利低下により自社株買いや企業買収、さらに株式や不動産の買いを誘発し、間接的に市場や経済を支えてきた。しかし、金利は下限にあり、量的緩和についても、リスク資産の名目リターンから短期金利を差し引いた実質的なリターンが低下してきている。

リスクプレミアムが低下しており、投資家のメリットは小さくなっている。量的緩和が経済や市場に与える影響は確実に低下しているのである。量的緩和によって人為的に資産価格を押し上げることは、今後ますます難しくなるだろう。

株価に関しては、今後も無限に上昇していくようにも見える。しかし、株価には本質的な限界がある。投資対象となる企業が生み出す価値に対して、株価がその水準まで上がれば、本質的な株価はそれ以上には上がらないはずである。

もちろん、将来の価値をどのように考え、投資家がそれをどう評価するかによって株価の上昇余地は生まれるだろう。しかし、その余地は今後徐々に減少していくだろう。また債券に関しても、実質金利が低下することで、債券からリターンを得ることが難しくなっている。

株式や未公開株、不動産、ベンチャー投資などのリスク資産が、リターンを生み出すのに向いた投資先だと考えられてきたが、それらの資産の成長性は徐々に低下していくことになる。

今後は、現金の価値が目減りしたときにリターンが上がりやすい資産を見つけ、それに投資することが肝要である。選択肢のひとつとして、国際情勢が不安定化する際にパフォーマンスが上がりやすいという観点からも、金《ゴールド》が最も素晴らしい投資先として改めて注目されることになる。

また、金は通貨と違い、国籍がなく、カントリーリスクが存在しない。誰の債務でもない点も、現代においてはきわめて重要なポイントになる。

これまで米国は、ドルを意図的に減価させることで、世界にドルを流通させ、世界各国に使わせるよう仕向けてきた。その一方で、基軸通貨としての価値を維持するというきわめて難しい政策をとってきた。

金融市場が不安定化した際には、「強いドルは国益」と発言するのが米国の歴代の財務長官の仕事であった。しかし、現在のように、FRBの資産買い入れ額が過去最高の6兆ドルを突破し、米政府の財政赤字も過去最高水準を更新することが確定的になる中、ドルの真の価値が暴落し、歯止めが利かなくなるリスクが高まっている。

米国と敵対する中国やロシアはすでに、ドルあるいは米国債を保有するリスクを察知し、これらの資産を手放し、金の保有を増やしていることはすでに解説した通りである。

今後世界は「デジタル資本主義」に移行していくだろう。その裏付けとなるのがデジタル法定通貨になる可能性がある。そして、これらの通貨が無尽蔵に発行できないようにするため、金を裏付けとする可能性を想定しておく必要がある。

いまはこのような考え方は常識的ではないかもしれない。しかし、不確実な時代を生きる私たちは、あらゆる可能性を考えておくことが重要である。この見方が正しければ、金は再び通貨としての価値を認められ、いっそう価値が高まることになる。そうなれば、各国政府・中銀はますます金準備を増やすことになるだろう。

世界の投資家はすでに金の保有量を積み上げ始めている。金に関する国際調査機関ワールド・ゴールド・カウンシル（ＷＧＣ）によると、世界の金上場投資信託（ＥＴＦ）が価値の裏付けとして保有する金現物の残高が、２０２０年3月末時点で過去最高となったとしている。

新型コロナウイルス感染拡大による景気不安を背景に、安全資産である金への流入が続いており、原稿執筆時点で、投資家の金保有残高は3カ月連続で最高を更新している。今後もこのような状況が続くことになりそうである。

世界分散投資が金相場を押し上げる

私が注目しているのは、近年の世界分散投資の動きである。

個人を中心に、最近では人工知能（ＡＩ）に運用を任せるスタイルの投信などが広がりつつある。これらの投信は、過去のデータに基づき、世界の幅広い資産に最適な配分を行うが、基本は米国を中心とした株式ＥＴＦであり、そこに債券ＥＴＦが加わるのが通常のパターンである。

しかし、最近のこれらの投信の特徴は、資産ポートフォリオの中に金が必ず入っている点だ。これらの運用では、投資機関や年齢、さらに投資への積極度合いを加味して資産配分を決めるケースが多いのだが、金の比率はどの運用パターンでもほぼ同じであり、おおむね７〜10％である。

つまり、これらの運用スタイルが広く浸透し、運用残高が増加し続けるうちは、これまで金に投資していなかった投資家の資金が、金上場投資信託（ＥＴＦ）を通じて機械的に金市場に流入するわけである。

この傾向が続けば、投資マネーが金市場に根雪のように積み上がっていくことになる。つまり、金相場は買い手が中心の市場になり、価格は下がりにくくなるのである。これは、米国のさまざまな年金等を通じて米国株に資金を投じることで、個人投資家の巨額のマネーが米国株式市場に流入し、米国株が長期的に上昇するのに似ている。

米国では、株価の動向に関係なく、米国株に自動的に個人の資金が流入し、これが株価の下支えになっている面がある。このような運用スタイルがさらに拡大すれば、投資資金フローが金相場を支えることになるだろう。

今後、世界経済の混乱は続く。また、景気の大幅な後退、経済規模の縮小も受け入れざるを得ないときがくるだろう。しかも、それは意外に近いのではないかと考えている。

多くのエコノミストは、2020年4－6月期の実質GDPが大きく落ち込んだあと、7－9月期に急回復すると見ているようである。

しかし、先のことは誰にもわからない。

今も昔も普遍的な価値を認められているものがある。それが「金《ゴールド》」にほかならない。長期の景気サイクルの転換点が到来しているいま、世界覇権の移行期は間違いなく近づいている。

２０２１年８月15日には、「ニクソン・ショック」50周年を迎えることになる。節目の年に向かって、金融市場に再び激震が走る中、金相場は歴史的な動きに発展していくであろう。

おわりに

2019年に発生したとされる新型コロナウイルスは、世界を大きく揺《ゆ》るがした。一連の経過により、中国に対する世界の評価は大きく変わった。

1992年に中国が社会主義市場経済体制を導入し、経済成長を推し進めてすでに30年近い時間が経つが、とどまるところを知らないその成長スピードに、米国がいまさらながら慌てて潰《つぶ》しにかかっている。だが、すでに世界第2位の経済大国になった中国は、潰そうとしてもほとんど不可能に近い段階にまで成長してしまっている。

また、いまや世界のサプライチェーンの中に深く組み込まれ、重要な消費国としての地位も確立している。もはや、中国なしで世界経済はおろか、米国の成長が困難な状況である。

そんな中で勃発《ぼっぱつ》した新型コロナウイルスの感染拡大が、一部に噂《うわさ》されるように本当に中国の意図的なものであるとすれば、それは決して許される行為ではないだろう。ウイルスの世界的な拡大の裏で、中国がどのように行動し、どのような意図が込められていたのかは不明だが、今回の一件は、各国が「中国」との付き合い方を考え直す、きわめて重要な契機になったことだけは確かである。

今後、さまざまな調査が進むだろうが、どのような結果が出ても中国は突き放すだろう。多くの国が中国に対して賠償請求を行うかもしれないが、それもまた実行されることはないだろう。まして、中国包囲網なるものを構築すれば、最終的には包囲した国々がみずからの首を絞《し》めることになるだろう。

その一方で、米国は覇権国としての衰退を隠せなくなりつつある。

そもそも米国は、第2次大戦後に覇権を掌握し、地球上の相当広い範囲を支配することを目指していたとされる。この世界戦略はいまも維持されている模様だが、範囲は明らかに狭《せま》くなっているといえる。

米国は、第2次大戦前からすでに世界一豊かな国になっていた。戦争で恐慌が終わり、米国は大戦前の4倍もの生産力を持つまでに成長した。世界の富の半分を所有するまでになり、安全保障面でも完璧の状態だった。

米国は「持っているものは他国に与えず、まだ持っていないものは他国から奪う」という論理で大きくなったのである。自由貿易主義とは名ばかりで、結局は自国のご都合主義であった。

１９４９年に米国が計画していた広範囲の支配域が最終的に大きく縮小することになったのは、中国を失ったからである。米国は当時、中国を所有したと思い込んでおり、その権利があるとも考えていた。しかし中国は、この年の10月に毛沢東が中華人民共和国の建国を高らかに宣言したのである。

その後、東南アジアも米国の支配から抜け出し、１９７０年代には米国の富のシェアは世界の25％に低下した。日本を中心とするアジアが台頭し、世界は欧州を含めた三極体制になった。その20年後には旧ソ連が崩壊している。

日本は戦争の荒廃から早々に立ち直ったが、そのスピードに驚いたのが米国である。米国は、日本が主要な工業国に復帰するのは相当先と見ていたようである。また、この復興に向けた日本のパワーが、覇権国としての米国の衰退を早めた面は否めないだろう。

日本のものづくりに押されて米国の産業が衰退し、結果として米国は経済における金融の役割を大きくしていった。その結果、米国はより短期的な利益に焦点を合わせるようになった。経営のトップに技術畑の人材ではなく、金融出身者が増えるようになり、その傾向に拍車がかかった。ＩＴ革命において成長したアップルでさえも、製品開発ではなく、金融工学で儲《もう》けることに時間とコストを費やしていると指摘する向きもある。

また米国企業の多くがいまや「多国籍企業」となり、米国に拠点を置かず、租税回避地（タックスヘイブン）に登記を行っている。一方で、さまざまな国に分業体制を敷いて世界的なネットワークを構築したうえで製品等を生産し、サービスを提供している。

そのサプライチェーンの枠組みにおいて中心的な位置付けとなった中国は、以前は劣悪な環境と低コストで製品の一部を提供していたが、現在では最終製品を自分たちだけで作れるようになった。

世界の構造は大きく変わってきている。

製造、金融、サービス、小売りなどあらゆる分野において、米国が依然として世界の半分を支配している。米国の富の支配は徐々に低下していても、これらの実体経済の支配はいまだに大きな部分を占めている。

だが、その米国が通貨価値の低下により、徐々に国力を落とし始め、中国への覇権の移行が進み始めている。

米国と中国の対立は、今後ますます強まることになるが、そのとき日本は、はたしてどのような選択をするのだろうか。

日本はこれまでも、世界のいざこざに深く関与せず、中立的にふるまってきた。湾岸戦争のときも、米国から強い口調で明確な立場の表明を求められてもうやむやな返答に終始し、中立的立場を維持しようとしてきた。だからこそ、日本はいま、どの国よりも他国から頼られているのである。これまでの他国への手厚い資金援助を他国は忘れることはないだろう。

日中関係は歴史問題などもあり、政府間では表面上厳しい交渉をしているように見えるが、民間ベースではすでに深い交流が進んでいる。日本を訪れたいと考えている中国人は非常に多い。また、在日中国人を含む日本に住む中国人は、すでに100万人前後になっているとの試算がある。日本好きの中国人はきわめて多いのが現実である。

「ポストコロナ」の時代には、日本は他国からますます頼られることになるだろう。また、米国とイランの関係の悪化においても、なにがしかの重要な役割を果たすことになると思われる。

これから数年間、あるいは十数年のうちに、中国が経済的な覇権を取る可能性がある。基軸通貨を牛耳《ぎゅうじ》り、真の意味で覇権国家になるまでにはまだかなり時間が必要だとしても、実質的な世界一の大国になる日が近づいている。

米国はそれを何としてでも阻止しようとするが、以前のように軍事的な解決がなされる可能性は低い。そうであれば、新しい形での覇権国家の移行が実現することになる。その際には、ITあるいはデジタル技術が媒介するものと思われる。ドルの下落と金を裏付けとしたデジタル法定通貨の誕生が、そのきっかけになるかもしれない。

混沌《こんとん》とした激動の時代に移行し、米中の経済戦争が激しさを増す中、日本の役割はますます大きくなっている。時代の大きな変化を認識し、みずからの資産を守りながら、この激動の時代をみなさんと一緒に乗り切りたいと考える次第である。

２０２０年６月

江守《えもり》 哲《てつ》

投資に関する決定は、
自らのご判断と責任により
行っていただきますようお願いいたします。

著者プロフィール

江守 哲（えもり・てつ）

エモリキャピタルマネジメント株式会社代表取締役。

1990年慶應義塾大学を卒業後、住友商事株式会社に入社。1996年に現欧州住友商事ロンドン駐在。1997年に世界最大のメタルトレーダーのMetallgesellschaft（現JPモルガン）ロンドン本社に移籍。世界30カ国を訪問し、ビジネスを拡大した。2000年に三井物産子会社に移籍し、「日本初のコモディティ・ストラテジスト」に就任。2000年代の原油高を世界でいち早く予測した。2007年にアストマックス株式会社に移籍し、運用部長兼チーフファンドマネージャーに就任。2008年に「日本初のコモディティ・マクロヘッジファンド」を立ち上げ、原油の空売りでリターンを上げた。2015年にエモリキャピタルマネジメント株式会社を設立し、代表取締役に就任。株式・債券・為替・コモディティ市場で自己資金運用を行う傍ら、「EMORI CLUB」を主宰し、メディア出演・寄稿・メルマガ配信・講演を行う。

著書には『LME（ロンドン金属取引所）入門』（総合法令出版、1999年）、『米国株は3倍になる!』（ビジネス社、2017年）、共著書には『コモディティ市場と投資戦略』（勁草書房、2014年）がある。

エモリキャピタル
マネジメント株式会社サイト
http://www.emoricapital.com

「EMORI CLUB」サイト
https://emori-club.com

金を買え

米国株バブル経済終わりの始まり

2020年 7月27日　第1刷発行

著者　江守 哲
発行者　長坂嘉昭
発行所　株式会社プレジデント社
〒102-8641
東京都千代田区平河町2-16-1
平河町森タワー13階
https://www.president.co.jp
電話（03）3237-3731（編集・販売）
装幀　岡 孝治
販売　桂木栄一　高橋 徹
川井田美景　森田 巌
末吉秀樹　神田泰宏
花坂 稔
編集　村上 誠
制作　関 結香

印刷・製本　中央精版印刷株式会社
本文図版　朝日メディアインターナショナル株式会社

落丁・乱丁本はおとりかえいたします。

ISBN978-4-8334-4026-4 Printed in Japan